चंद्रशेखर आज़ाद

चंद्रशेखर आज़ाद

दीपिका शर्मा

FALGUNI PUBLISHERS & DISTRIBUTORS

First published in India in 2023 by
FALGUNI PUBLISHERS & DISTRIBUTORS

ISBN: 978-93-92766-02-2

FALGUNI PUBLISHERS & DISTRIBUTORS
RTB-160, Royal Tower, Shipra Suncity,
Indirapuram, Ghaziabad, U.P.-201014

Printed and Bound in
Delhi

₹ 599/-

प्रस्तावना

आज हम जिस आजाद भारत में जी रहे हैं वह कई देशभक्तों की देशभक्ति और त्याग की वेदी से सजी हुई है। भारत आज जहां भ्रष्टाचारियों से भरा हुआ नजर आता है वहीं एक समय ऐसा भी था जब देश का बच्चा-बच्चा देशभक्ति के गाने गाता था। भारत में काफी देशभक्त तो ऐसे थे, जिन्होंने छोटी सी उम्र में ही देश के लिए अतुलनीय त्याग और बलिदान देकर अपना नाम स्वर्णिम अक्षरों में अंकित करवाया। इन्हीं महान देशभक्तों में से एक थे चन्द्रशेखर आजाद। चन्द्रशेखर आजाद ने अपने स्वभाव के बहुत से गुण अपने पिता पं. सीताराम तिवारी से प्राप्त किये। तिवारी जी साहसी, स्वाभिमानी, हठी और वचन के पक्के थे।

चन्द्रशेखर आजाद अपने स्वभाव के अनुसार अंग्रेजी सरकार के खिलाफ क्रांतिकारी गतिविधियों को बखूबी अंजाम देते रहे। वे अंग्रेजी सरकार के लिए बहुत बड़ी चिन्ता और चुनौती बन चुके थे। अंग्रेजी सरकार किसी भी कीमत पर चन्द्रशेखर को गिरफ्तार कर लेना चाहती थी। इसके लिए पुलिस ने एड़ी चोटी का जोर लगा दिया।

पुलिस के अत्यन्त आक्रमक रूख को देखते हुए और उसका ध्यान बंटाने के लिए चन्द्रशेखर आजाद झांसी के पास बुन्देलखण्ड के जंगलों में आकर रहने लगे और दिन रात निशानेबाजी का अभ्यास करने लगे। जब उनका जी भर

गया तो वे पास के टिमरपुरा गाँव में ब्रह्मचारी का वेश बनाकर रहने लगे। गाँव के जमींदार को अपने प्रभाव में लेकर उन्होंने अपने साथियों को भी वहीं बुलवा लिया। भनक लगते ही पुलिस गाँव में आई तो उन्होंने अपने साथियों को तो कहीं और भेज दिया और स्वयं पुलिस को चकमा देते हुए मुम्बई पहुंच गए। वे मुम्बई आकर क्रांतिकारियों के शीर्ष नेता दामोदर वीर सावरकर से मिले और सारा हाल कह सुनाया। सावरकर ने अपने ओजस्वी भाषण से चन्द्रशेखर को प्रभावित कर दिया। यहीं पर उनकी मुलाकात सरदार भगत सिंह से हुई। कुछ समय बाद वे कानपुर में क्रांतिकारियों के प्रसिद्ध नेता गणेश शंकर विद्यार्थी के यहां पहुंचे। विद्यार्थी जी ने उन तीनों को सुरक्षित स्थान पर पहुंचा दिया। यहां पर भी पुलिस ने उन्हें घेरने की भरसक कोशिश की। इसके चलते चन्द्रशेखर यहां से वेश बदलकर पुलिस को चकमा देते हुए दिल्ली जा पहुंचे।

—लेखक

अनुक्रम

1

चन्द्रशेखर आजाद

पण्डित चन्द्रशेखर आजाद ऐतिहासिक दृष्टि से भारतीय स्वतन्त्रता संग्राम के अत्यन्त सम्मानित और लोकप्रिय स्वतंत्रता सेनानी थे। वे पण्डित राम प्रसाद बिस्मिल व सरदार भगत सिंह सरीखे महान क्रान्तिकारियों के अनन्यतम साथियों में से थे। सन् 1922 में गाँधीजी द्वारा असहयोग आन्दोलन को अचानक बन्द कर देने के कारण उनकी विचारधारा में बदलाव आया और वे क्रान्तिकारी गतिविधियों से जुड़ कर हिन्दुस्तान रिपब्लिकन एसोसियेसन के सक्रिय सदस्य बन गये। इस संस्था के माध्यम से उन्होंने राम प्रसाद बिस्मिल के नेतृत्व में पहले 9 अगस्त 1925 को काकोरी काण्ड किया और फरार हो गये। इसके पश्चात् सन् 1927 में बिस्मिल के साथ 4 प्रमुख साथियों के बलिदान के बाद उन्होंने उत्तर भारत की सभी क्रान्तिकारी पार्टियों को मिलाकर एक करते हुए हिन्दुस्तान सोशलिस्ट रिपब्लिकन ऐसोसिएशन का गठन किया तथा भगत सिंह के साथ लाहौर में लाला लाजपत राय की मौत का बदला सॉण्डर्स का वध करके लिया एवं दिल्ली पहुँच कर असेम्बली बम काण्ड को अंजाम दिया।

आजाद की वंश-परम्परा

चन्द्रशेखर आजाद के पूर्वजों के मूल स्थान आजाद के निवास-स्थान आदि के विषय में अनेक भ्रान्तियाँ हैं। आजाद के पितामह मूलरूप से कानपुर के निवासी थे, जो बाद में गाँव बदरका, जिला उन्नाव में बस गए थे। इसलिए आजाद के पिता पंडित सीताराम तिवारी का बचपन यहीं व्यतीत हुआ और यहीं उनकी युवावस्था

का प्रारम्भिक काल भी बीता। पंडित सीताराम तिवारी के तीन विवाह हुए। उनकी पहली पत्नी जिला उन्नाव के ही मौरावा की थीं। अपनी इस पत्नी से उनका एक पुत्र भी हुआ था, जो अकाल मृत्यु को प्राप्त हो गया था। पंडित तिवारी का अपनी इस पत्नी के साथ अधिक दिनों तक निर्वाह न हो सका, अतः उन्होंने इसे छोड़ दिया जो अपने शेष जीवन में मायके में ही रहीं। इसके बाद उन्होंने दूसरा विवाह किया। उनकी दूसरी पत्नी उन्नाव के ही सिकन्दरापुर गाँव की थीं। उनकी द्वितीय पत्नी भी उनके जीवन में अधिक दिनों तक न रह सकी। वह शीघ्र ही दिवंगत हो गईं। इसके बाद उन्होंने तीसरा विवाह जगरानी देवी के से किया। जगरानी देवी गाँव चन्द्रमन खेड़ा, उन्नाव की थीं। बदरका, उन्नाव में ही तिवारी दम्पति को एक पुत्ररत्न की प्राप्ति हुई इस पुत्र का नाम उन्होंने सुखदेव रखा।

इस पुत्र के जन्म के बाद पंडित सीताराम आजीविका की खोज में मध्य भारत की एक रियासत अलीराजपुर चले गए। बाद में उन्होंने अपनी पत्नी जगरानी देवी तथा पुत्र सुखदेव को भी वहीं बुला लिया। अलीराजपुर के गाँव भाभरा को उन्होंने अपना निवास-स्थान बनाया। यहीं सुखदेव के जन्म के 5-6 वर्ष बाद सन् 1906 में

जगरानी देवी ने एक और पुत्र को जन्म दिया यही बालक आगे चलकर चन्द्रशेखर आजाद के नाम से विख्यात हुआ। इस नवजात बालक को देखकर बालक के माता-पिता को बड़ी निराशा हुई, क्योंकि बालक अत्यन्त कमजोर था तथा जन्म के समय उसकी भार भी सामान्य बच्चों से बहुत कम था। इससे पूर्व तिवारी दम्पति कि कुछ सन्तानें मृत्यु को प्राप्त हो गई थीं। अतः माँ-बाप इस शिशु के स्वास्थ्य से अति चिन्तित रहते थे। बालक दुर्बल होने पर भी बड़ा सुन्दर था, उसका मुख चन्द्रमा के सामान गोल था।

जन्म तथा प्रारम्भिक जीवन

चन्द्रशेखर आजाद का जन्म भाँवरा गाँव (वर्तमान अलीराजपुर जिला) में 23 जुलाई सन् 1906 को हुआ था। उनके पूर्वज बदरका (वर्तमान उन्नाव जिला) से थे। आजाद के पिता पण्डित सीताराम तिवारी संवत् 1956 में अकाल के समय अपने पैतृक निवास बदरका को छोड़कर पहले कुछ दिनों तक मध्य प्रदेश अलीराजपुर रियासत में नौकरी करते रहे फिर जाकर भावरा गाँव में बस गये। यहीं बालक चन्द्रशेखर का बचपन बीता। उनकी माँ का नाम जगरानी देवी था। आजाद का प्रारम्भिक जीवन आदिवासी बाहुल्य क्षेत्र में स्थित भावरा गाँव में बीता अतएव बचपन में आजाद ने भील बालकों के साथ खूब धनुष बाण चलाये। इस प्रकार उन्होंने निशानेबाजी बचपन में ही सीख ली थी। बालक चन्द्रशेखर आजाद का मन अब देश को आजाद कराने के अहिंसात्मक उपायों से हटकर सशस्त्र क्रान्ति की ओर मुड़ गया। उस समय बनारस क्रान्तिकारियों का गढ़ था। वह मन्मथनाथ गुप्त और प्रणवेश चटर्जी के सम्पर्क में आये और क्रान्तिकारी दल के सदस्य बन गये। क्रान्तिकारियों का वह दल हिन्दुस्तान प्रजातन्त्र संघ के नाम से जाना जाता था।

जन्मस्थान के बारे में विवाद

उन्नाव जिले की अधिकृत वेबसाइट में चन्द्रशेखर आजाद की जन्मस्थली उन्नाव जिले का बदरका गाँव बतलायी गयी है जबकि इस लेख में जिन पुस्तकों का सन्दर्भ दिया गया है उनमें भाभरा जिला अलीराजपुर मध्य प्रदेश मिलता है। अंग्रेजी विकिपीडिया पर बदरका में लगी आजाद की आदमकद मूर्ति का चित्र भी दिया गया है। मेरे विचार से यह तथ्य भी इस लेख में रहना चाहिये।

संस्कारों की धरोहर

चन्द्रशेखर आजाद ने अपने स्वभाव के बहुत से गुण अपने पिता पं0 सीताराम तिवारी से प्राप्त किये। तिवारी जी साहसी, स्वाभिमानी, हठी और वचन के पक्के थे। वे न दूसरों पर जुल्म कर सकते थे और न स्वयं जुल्म सहन कर सकते थे। भाँवरा में उन्हें एक सरकारी बगीचे में चौकीदारी का काम मिला हुआ था। भूखे भले ही बैठे रहें पर बगीचे से एक भी फल तोड़कर न तो स्वयं खाते थे और न ही किसी और को खाने देते थे। एक बार तहसीलदार ने बगीचे से फल तुड़वाना चाहे तो तिवारी जी बिना पैसे दिये फल तुड़वाने पर तहसीलदार से झगड़ा करने को तैयार हो गये। इसी जिद में उन्होंने वह नौकरी भी छोड़ दी। एक बार तिवारी जी की पत्नी पड़ोसी के यहाँ से नमक माँग लायीं इस पर तिवारी जी ने उन्हें बहुत डाँटा और इसकी सामूहिक सजा स्वरूप चार दिन तक परिवार में सबने बिना नमक के भोजन किया। ईमानदारी और स्वाभिमान के ये गुण बालक चन्द्रशेखर ने अपने पिता से विरासत में सीखे थे।

पहली रोमांचकारी घटना

1919 में हुए अमृतसर के जलियांवाला बाग नरसंहार ने देश के नवयुवकों को उद्वेलित कर दिया। चन्द्रशेखर उस समय पढ़ाई कर रहे थे। तभी से उनके मन में एक आग धधक रही थी। जब गांधीजी ने सन् 1921 में असहयोग आन्दोलनका फरमान जारी किया तो वह आग ज्वालामुखी बनकर फट पड़ी और तमाम अन्य छात्रों की भाँति चन्द्रशेखर भी सडकों पर उतर आये। अपने विद्यालय के छात्रों के जत्थे के साथ इस आन्दोलन में भाग लेने पर वे पहली बार गिरफ्तार हुए और उन्हें 15 बेतों की सजा मिली।

इस घटना का उल्लेख पं. जवाहरलाल नेहरू ने कायदा तोड़ने वाले एक छोटे से लड़के की कहानी के रूप में किया है- ऐसे ही कायदे (कानून) तोड़ने के लिये एक छोटे से लड़के को, जिसकी उम्र 15 या 16 साल की थी और जो अपने को आजाद कहता था, बेंत की सजा दी गयी। वह नंगा किया गया और बेंत की टिकटी से बाँध दिया गया। जैसे-जैसे बेंत उस पर पड़ते थे और उसकी चमड़ी उधेड़ डालते थे, वह भारत माता की जय! चिल्लाता था। हर बेंत के साथ वह लड़का तब तक यही नारा लगाता रहा, जब तक वह बेहोश न हो गया। बाद में वही लड़का उत्तर भारत के आतंककारी कार्यों के दल का एक बड़ा नेता बना।

क्रान्तिकारी संगठन

असहयोग आन्दोलन के दौरान जब फरवरी 1922 में चौरी-चौरा की घटना के पश्चात् बिना किसे से पूछे गाँधीजी ने आन्दोलन वापस ले लिया तो देश के तमाम नवयुवकों की तरह आजाद का भी कांग्रेस से मोह भंग हो गया और पण्डित राम प्रसाद बिस्मिल, शचीन्द्रनाथ सान्याल योगेशचन्द्र चटर्जी ने 1924 में उत्तर भारत के क्रान्तिकारियों को लेकर एक दल हिन्दुस्तानी प्रजातान्त्रिक संघ (एच0 आर0 ए0) का गठन किया। चन्द्रशेखर आजाद भी इस दल में शामिल हो गये। इस संगठन ने जब गाँव के अमीर घरों में डकैतियाँ डालीं, ताकि दल के लिए धन जुटाने की व्यवस्था हो सके तो यह तय किया गया कि किसी भी औरत के ऊपर हाथ नहीं उठाया जाएगा। एक गाँव में राम प्रसाद बिस्मिल के नेतृत्व में डाली गई डकैती में जब एक औरत ने आजाद का पिस्तौल छीन लिया तो अपने बलशाली शरीर के बावजूद आजाद ने अपने उसूलों के कारण उस पर हाथ नहीं उठाया। इस डकैती में क्रान्तिकारी दल के आठ सदस्यों पर, जिसमें आजाद और बिस्मिल भी शामिल थे, पूरे गाँव ने हमला कर दिया। बिस्मिल ने मकान के अन्दर घुसकर उस औरत को कसकर चाँटा मारा, पिस्तौल वापस छीनी और आजाद को डाँटते हुए खींचकर बाहर लाये। इसके बाद दल ने केवल सरकारी प्रतिष्ठानों को ही लूटने का फैसला किया। 1 जनवरी 1925 को दल ने समूचे हिन्दुस्तान में अपना बहुचर्चित पर्चा द रिवोल्यूशनरी (क्रान्तिकारी) बाँटा जिसमें दल की नीतियों का खुलासा किया गया था। इस पैम्फलेट में सशस्त्र क्रान्ति की चर्चा की गयी थी। इश्तहार के लेखक के रूप में विजयसिंह का छद्म नाम दिया गया था। शचींद्रनाथ सान्याल इस पर्चे को बंगाल में पोस्ट करने जा रहे थे तभी पुलिस ने उन्हें बाँकुरा में गिरफ्तार करके जेल भेज दिया। एच0 आर0 ए0 के गठन के अवसर से ही इन तीनों प्रमुख नेताओं-बिस्मिल, सान्याल और चटर्जी में इस संगठन के उद्देश्यों को लेकर मतभेद था।

इस संघ की नीतियों के अनुसार 9 अगस्त 1925 को काकोरी काण्ड को अंजाम दिया गया। जब शाहजहाँपुर में इस योजना के बारे में चर्चा करने के लिये मीटिंग बुलायी गयी तो दल के एक मात्र सदस्य अशफाक उल्ला खाँ ने इसका विरोध किया था। उनका तर्क था कि इससे प्रशासन उनके दल को जड़ से उखाड़ने पर तुल जायेगा और ऐसा ही हुआ भी। अंग्रेज चन्द्रशेखर आजाद को तो पकड़ नहीं सके पर अन्य सर्वोच्च कार्यकर्ताओं-पण्डित राम प्रसाद बिस्मिल, अशफाक उल्ला खाँ एवं ठाकुर रोशन सिंह को 19 दिसम्बर 1927 तथा उससे 2 दिन पूर्व राजेन्द्रनाथ लाहिड़ी

को 17 दिसम्बर 1927 को फाँसी पर लटकाकर मार दिया गया। सभी प्रमुख कार्यकर्ताओं के पकड़े जाने से इस मुकदमे के दौरान दल प्रायः निष्क्रिय ही रहा। एकाध बार बिस्मिल तथा योगेश चटर्जी आदि क्रान्तिकारियों को छुड़ाने की योजना भी बनी जिसमें आजाद के अलावा भगत सिंह भी शामिल थे लेकिन किसी कारणवश यह योजना पूरी न हो सकी।

4 क्रान्तिकारियों को फाँसी और 16 को कड़ी कैद की सजा के बाद चन्द्रशेखर आजाद ने उत्तर भारत के सभी कान्तिकारियों को एकत्र कर 8 सितम्बर 1928 को दिल्ली के फीरोज शाह कोटला मैदान में एक गुप्त सभा का आयोजन किया। इसी सभा में भगत सिंह को दल का प्रचार-प्रमुख बनाया गया। इसी सभा में यह भी तय किया गया कि सभी क्रान्तिकारी दलों को अपने-अपने उद्देश्य इस नयी पार्टी में विलय कर लेने चाहिये। पर्याप्त विचार-विमर्श के पश्चात् एकमत से समाजवाद को दल के प्रमुख उद्देश्यों में शामिल घोषित करते हुए हिन्दुस्तान रिपब्लिकन एसोसियेसन का नाम बदलकर हिन्दुस्तान सोशलिस्ट रिपब्लिकन एसोसियेसन रखा गया। चन्द्रशेखर आजाद ने सेना-प्रमुख (कमाण्डर-इन-चीफ) का दायित्व सम्भाला। इस दल के गठन के पश्चात् एक नया लक्ष्य निर्धारित किया गया-हमारी लड़ाई आखिरी फैसला होने तक जारी रहेगी और वह फैसला है जीत या मौत।

चरम सक्रियता

आजाद के प्रशंसकों में पण्डित मोतीलाल नेहरू, पुरुषोत्तमदास टंडन का नाम शुमार था। जवाहरलाल नेहरू से आजाद की भेंट आनन्द भवन में हुई थी उसका जिक्र नेहरू ने अपनी आत्मकथा में फासीवादी मनोवृत्ति के रूप में किया है। इसकी कठोर आलोचना मन्मथनाथ गुप्त ने अपने लेखन में की है। कुछ लोगों का ऐसा भी कहना है कि नेहरू ने आजाद को दल के सदस्यों को समाजवाद के प्रशिक्षण हेतु रूस भेजने के लिये एक हजार रुपये दिये थे जिनमें से 448 रुपये आजाद की शहादत के वक्त उनके वस्त्रों में मिले थे। सम्भवतः सुरेन्द्रनाथ पाण्डेय तथा यशपाल का रूस जाना तय हुआ था पर 1928-31 के बीच शहादत का ऐसा सिलसिला चला कि दल लगभग बिखर सा गया। जबकि यह बात सच नहीं है। चन्द्रशेखर आजाद की इच्छा के विरुद्ध जब भगत सिंह एसेम्बली में बम फेंकने गये तो आजाद पर दल की पूरी जिम्मेवारी आ गयी। साण्डर्स वध में भी उन्होंने भगत सिंह का साथ दिया और बाद में उन्हें छुड़ाने की पूरी कोशिश भी की।

आजाद की सलाह के खिलाफ जाकर यशपाल ने 23 दिसम्बर 1929 को दिल्ली के नजदीक वायसराय की गाड़ी पर बम फेंका तो इससे आजाद क्षुब्ध थे क्योंकि इसमें वायसराय तो बच गया था पर कुछ और कर्मचारी मारे गए थे। आजाद को 28 मई 1930 को भगवती चरण वोहरा की बम-परीक्षण में हुई शहादत से भी गहरा आघात लगा था। इसके कारण भगत सिंह को जेल से छुड़ाने की योजना भी खटाई में पड़ गयी थी। भगत सिंह, सुखदेव तथा राजगुरु की फाँसी रुकवाने के लिए आजाद ने दुर्गा भाभी को गांधीजी के पास भेजा जहाँ से उन्हें कोरा जवाब दे दिया गया था। आजाद ने अपने बलबूते पर झाँसी और कानपुर में अपने अड्डे बना लिये थे। झाँसी में मास्टर रुद्र नारायण, सदाशिव मलकापुरकर, भगवानदास माहौर तथा विश्वनाथ वैशम्पायन थे जबकि कानपुर में पण्डित शालिग्राम शुक्ल सक्रिय थे। शालिग्राम शुक्ल को 1 दिसम्बर 1930 को पुलिस ने आजाद से एक पार्क में मिलने जाते वक्त शहीद कर दिया था।

बलिदान

एच.एस.आर.ए. द्वारा किये गये साण्डर्स-वध और दिल्ली एसेम्बली बम काण्ड में फाँसी की सजा पाये तीन अभियुक्तों- भगत सिंह, राजगुरु व सुखदेव ने अपील करने से साफ मना कर ही दिया था। अन्य सजायाफ्ता अभियुक्तों में से सिर्फ 3 ने ही प्रिवी कौन्सिल में अपील की। 11 फरवरी 1931 को लन्दन की प्रिवी कौन्सिल में अपील की सुनवाई हुई। इन अभियुक्तों की ओर से एडवोकेट प्रिन्ट ने बहस की अनुमति माँगी थी किन्तु उन्हें अनुमति नहीं मिली और बहस सुने बिना ही अपील खारिज कर दी गयी। चन्द्रशेखर आजाद ने मृत्यु दण्ड पाये तीनों प्रमुख क्रान्तिकारियों की सजा कम कराने का काफी प्रयास किया। वे उत्तर प्रदेश की सीतापुर जेल में जाकर गणेश शंकर विद्यार्थी से मिले। विद्यार्थी से परामर्श कर वे इलाहाबाद गये और जवाहरलाल नेहरू से उनके निवास आनन्द भवन में भेंट की। आजाद ने पण्डित नेहरू से यह आग्रह किया कि वे गांधी जी पर लॉर्ड इरविन से इन तीनों की फाँसी को उम्र- कैद में बदलवाने के लिये जोर डालें। नेहरू जी ने जब आजाद की बात नहीं मानी तो आजाद ने उनसे काफी देर तक बहस भी की। इस पर नेहरू जी ने क्रोधित होकर आजाद को तत्काल वहाँ से चले जाने को कहा तो वे अपने तकियाकलाम स्साला के साथ भुनभुनाते हुए ड्राइँग रूम से बाहर आये और अपनी साइकिल पर बैठकर अल्फ्रेड पार्क की ओर चले गये। अल्फ्रेड पार्क में अपने एक मित्र

सुखदेव राज से मन्त्रणा कर ही रहे थे तभी सी.आई.डी. का एस.एस.पी. नॉट बाबर जीप से वहाँ आ पहुँचा। उसके पीछे-पीछे भारी संख्या में कर्नलगंज थाने से पुलिस भी आ गयी। दोनों ओर से हुई भयंकर गोलीबारी में आजाद को वीरगति प्राप्त हुई। यह दुखद घटना 27 फरवरी 1931 के दिन घटित हुई और हमेशा के लिये इतिहास में दर्ज हो गयी।

पुलिस ने बिना किसी को इसकी सूचना दिये चन्द्रशेखर आजाद का अन्तिम संस्कार कर दिया था। जैसे ही आजाद की बलिदान की खबर जनता को लगी सारा इलाहाबाद अलफ्रेड पार्क में उमड़ पडा। जिस वृक्ष के नीचे आजाद शहीद हुए थे लोग उस वृक्ष की पूजा करने लगे। वृक्ष के तने के इर्द-गिर्द झण्डियाँ बाँध दी गयीं। लोग उस स्थान की माटी को कपड़ों में शीशियों में भरकर ले जाने लगे। समूचे शहर में आजाद की बलिदान की खबर से जबरदस्त तनाव हो गया। शाम होते-होते सरकारी प्रतिष्ठानों पर हमले होने लगे। लोग सडकों पर आ गये।

आजाद के बलिदान की खबर जवाहरलाल नेहरू की पत्नी कमला नेहरू को मिली तो उन्होंने तमाम काँग्रेसी नेताओं व अन्य देशभक्तों को इसकी सूचना दी।। बाद में शाम के वक्त लोगों का हुजूम पुरुषोत्तम दास टंडन के नेतृत्व में इलाहाबाद के रसूलाबाद शमशान घाट पर कमला नेहरू को साथ लेकर पहुँचा। अगले दिन आजाद की अस्थियाँ चुनकर युवकों का एक जुलूस निकाला गया। इस जुलूस में इतनी ज्यादा भीड़ थी कि इलाहाबाद की मुख्य सड़कों पर जाम लग गया। ऐसा लग रहा था जैसे इलाहाबाद की जनता के रूप में सारा हिन्दुस्तान अपने इस सपूत को अंतिम विदाई देने उमड पडा हो। जुलूस के बाद सभा हुई। सभा को शचीन्द्रनाथ सान्याल की पत्नी प्रतिभा सान्याल ने सम्बोधित करते हुए कहा कि जैसे बंगाल में खुदीराम बोस की बलिदान के बाद उनकी राख को लोगों ने घर में रखकर सम्मानित किया वैसे ही आजाद को भी सम्मान मिलेगा। सभा को कमला नेहरू तथा पुरुषोत्तम दास टंडन ने भी सम्बोधित किया। इससे कुछ ही दिन पूर्व 6 फरवरी 1927 को पण्डित मोतीलाल नेहरू के देहान्त के बाद आजाद वेश बदलकर उनकी शवयात्रा में शामिल हुए थे पर उन्हें क्या पता था कि इलाहाबाद की इसी धरा पर कुछ दिनों बाद उनका भी बलिदान होगा!

व्यक्तिगत जीवन

आजाद प्रखर देशभक्त थे। काकोरी काण्ड में फरार होने के बाद से ही उन्होंने छिपने के लिए साधु का वेश बनाना बखूबी सीख लिया था और इसका उपयोग

उन्होंने कई बार किया। एक बार वे दल के लिये धन जुटाने हेतु गाजीपुर के एक मरणासन्न साधु के पास चेला बनकर भी रहे ताकि उसके मरने के बाद मठ की सम्पत्ति उनके हाथ लग जाये। परन्तु वहाँ जाकर जब उन्हें पता चला कि साधु उनके पहुँचने के पश्चात् मरणासन्न नहीं रहा अपितु और अधिक हट्टा-कट्टा होने लगा तो वे वापस आ गये। प्रायः सभी क्रान्तिकारी उन दिनों रूस की क्रान्तिकारी कहानियों से अत्यधिक प्रभावित थे आजाद भी थे लेकिन वे खुद पढ़ने के बजाय दूसरों से सुनने में ज्यादा आनन्दित होते थे। एक बार दल के गठन के लिये बम्बई गये तो वहाँ उन्होंने कई फिल्में भी देखीं। उस समय मूक फिल्मों का ही प्रचलन था अतः वे फिल्मो के प्रति विशेष आकर्षित नहीं हुए। एक बाहर आजाद कानपुर के मशहूर व्यवसायी सेठ प्यारेलाल के निवास पर एक समारोह में आये हुये थे। प्यारेलाल प्रखर देशभक्त थे और प्रायः क्रातिकारियों की आर्थिक मदद भी किया करते थे। आजाद और सेठ जी बातें कर ही रहे थे तभी सूचना मिली कि पुलिस ने हवेली को घेर लिया है। प्यारेलाल घबरा गये फिर भी उन्होंने आजाद से कहा कि वे अपनी जान दे देंगे पर उनको कुछ नहीं होने देंगे। आजाद हँसते हुए बोले-आप चिन्ता न करें, मैं कानपुर के लोगों को मिठाई खिलाये बिना जाने वाला नहीं। फिर वे सेठानी से बोले- आओ भाभी जी! बाहर चलकर मिठाई बाँट आयें। आजाद ने गमछा सिर पर बाँधा, मिठाई का टोकरा उठाया और सेठानी के साथ चल दिये। दोनों मिठाई बाँटते हुए हवेली से बाहर आ गये। बाहर खड़ी पुलिस को भी मिठाई खिलायी। पुलिस की आँखों के सामने से आजाद मिठाई-वाला बनकर निकल गये और पुलिस सोच भी नहीं पायी कि जिसे पकड़ने आयी थी वह परिन्दा तो कब का उड़ चुका है।

चन्द्रशेखर आजाद हमेशा सत्य बोलते थे। एक बार की घटना है आजाद पुलिस से छिपकर जंगल में साधु के वेश में रह रहे थे तभी वहाँ एक दिन पुलिस आ गयी। दैवयोग से पुलिस उन्हीं के पास पहुँच भी गयी। पुलिस ने साधु वेशधारी आजाद से पूछा-बाबा!आपने आजाद को देखा है क्या? साधु वेशधारी आजाद तपाक से बोले- बच्चा आजाद को क्या देखना, हम तो हमेशा आजाद रहते हैं, हम भी तो आजाद हैं। पुलिस समझी बाबा सच बोल रहा है, वह शायद गलत जगह आ गयी है अतः हाथ जोड़कर माफी माँगी और उल्टे पैरों वापस लौट गयी।

चन्द्रशेखर आजाद ने वीरता की नई परिभाषा लिखी थी। उनके बलिदान के बाद उनके द्वारा प्रारम्भ किया गया आन्दोलन और तेज हो गया, उनसे प्रेरणा लेकर हजारों युवक स्वतन्त्रता आन्दोलन में कूद पड़े। आजाद की शहादत के सोलह वर्ष बाद 15 अगस्त सन् 1947 को हिन्दुस्तान की आजादी का उनका सपना पूरा तो

हुआ किन्तु वे उसे जीते जी देख न सके। आजाद अपने दल के सभी क्रान्तिकारियों में बड़े आदर की दृष्टि से देखे जाते थे। सभी उन्हें पण्डितजी ही कहकर सम्बोधित किया करते थे। वे सच्चे अर्थों में पण्डित राम प्रसाद बिस्मिल के वास्तविक उत्तराधिकारी जो थे।

श्रद्धांजलि

इलाहाबाद के आजाद पार्क स्थित वह वृक्ष जिसकी ओट में संग्राम करते हुए आजाद वीरगति को प्राप्त हुए थे।

आजाद को श्रद्धांजलि देते हुए विभिन्न नेताओं में निम्नलिखित बातें कही–

चन्द्रशेखर की मृत्यु से मैं आहत हूँ। ऐसे व्यक्ति युग में एक बार ही जन्म लेते हैं। फिर भी हमें अहिंसक रूप से ही विरोध करना चाहिये।

-महात्मा गाँधी

चन्द्रशेखर आजाद की शहादत से पूरे देश में आजादी के आन्दोलन का नये रूप में शंखनाद होगा। आजाद की शहादत को हिन्दुस्तान हमेशा याद रखेगा।

-जवाहर लाल नेहरू

पण्डितजी की मृत्यु मेरी निजी क्षति है। मैं इससे कभी उबर नहीं सकता।

-मदन मोहन मालवीय

देश ने एक सच्चा सिपाही खो दिया। **-मोहम्मद अली जिन्ना**

आजाद सत्य का सहारा लेकर ही अँग्रेजों से मुकाबला करते थे।

-घनश्याम दास सुमन जानकी नगर

2

महान क्रांतिकारी के रूप में आजाद

भगत सिंह के वरिष्ठ सहयोगी और अपने आजाद नाम को सार्थक करने वाले महान क्रांतिकारी चन्द्रशेखर आजाद के हृदय में क्रांति की ज्वाला बहुत अल्पायु से ही ज्वलंत थी। वे पण्डित रामप्रसाद बिस्मिल की हिन्दुस्तान रिपब्लिकन एसोसियेसन में थे और उनकी मृत्यु के बाद नवनिर्मित हिन्दुस्तान सोशलिस्ट रिपब्लिकन आर्मी/एसोसियेसन के प्रमुख चुने गये थे। उनके प्रति उनके समकालीन क्रांतिकारियों के हृदय में कितना आदर रहा है उसकी एक झलक संलग्न चित्र में वर्णित आजाद मन्दिर से मिलती है। 1931 में छपे आजाद मन्दिर के इस चित्र में उनके शव के चित्र के साथ ही वे अपने मन्दिर में अपने क्रांतिकारी साथियों से घिरे हुए दिखाये गये हैं।

बचपन का दृढ़ निश्चय

एक आदिवासी ग्राम भावरा के अधनंगे आदिवासी बालक मिलकर दीपावली की खुशियाँ मना रहे थे। किसी बालक के पास फुलझड़ियाँ थीं, किसी के पास पटाखे थे और किसी के पास मेहताब की माचिस। बालक चन्द्रशेखर के पास इनमें से कुछ भी नहीं था। वह खड़ा-खड़ा अपने साथियों को खुशियाँ मनाते हुए देख रहा था। जिस बालक के पास मेहताब की माचिस थी, वह उसमें से एक तीली निकालता और उसके छोर को पकड़कर डरते-डरते उसे माचिस से रगड़ता और जब रंगीन रौशनी निकलती तो डरकर उस तीली को जमीन पर फेंक देता था।

बालक चन्द्रशेखर से यह देखा नहीं गया, वह बोला–

तुम डर के मारे एक तीली जलाकर भी अपने हाथ में पकड़े नहीं रह सकते। मैं सारी तीलियाँ एक साथ जलाकर उन्हें हाथ में पकड़े रह सकता हूँ।

जिस बालक के पास मेहताब की माचिस थी, उसने वह चन्द्रशेखर के हाथ में दे दी और कहा–

जो कुछ भी कहा है, वह करके दिखाओ तब जानूँ।

बालक चन्द्रशेखर ने माचिस की सारी तीलियाँ निकालकर अपने हाथ में ले लीं। वे तीलियाँ उल्टी-सीधी रखी हुई थीं, अर्थात कुछ तीलियों का रोगन चन्द्रशेखर की हथेली की तरफ भी था। उसने तीलियों की गड्डी माचिस से रगड़ दी। भक्क करके सारी तीलियाँ जल उठीं। जिन तीलियों का रोगन चन्द्रशेखर की हथेली की ओर था, वे भी जलकर चन्द्रशेखर की हथेली को जलाने लगीं। असह्य जलन होने

पर भी चन्द्रशेखर ने तीलियों को उस समय तक नहीं छोड़ा, जब तक की उनकी रंगीन रौशनी समाप्त नहीं हो गई। जब उसने तीलियाँ फेंक दीं तो साथियों से बोला–

देखो हथेली जल जाने पर भी मैंने तीलियाँ नहीं छोड़ीं।

उसके साथियों ने देखा कि चन्द्रशेखर की हथेली काफी जल गई थी और बड़े-बड़े फफोले उठ आए थे। कुछ लड़के दौड़ते हुए उसकी माँ के पास घटना की खबर देने के लिए जा पहुँचे। उसकी माँ घर के अन्दर कुछ काम कर रही थी। चन्द्रशेखर के पिता पंडित सीताराम तिवारी बाहर के कमरे में थे। उन्होंने बालकों से घटना का ब्योरा सुना और वे घटनास्थल की ओर लपके। बालक चन्द्रशेखर ने अपने पिताजी को आते हुए देखा तो वह जंगल की तरफ भाग गया। उसने सोचा कि पिताजी अब उसकी पिटाई करेंगे। तीन दिन तक वह जंगल में ही रहा। एक दिन खोजती हुई उसकी माँ उसे घर ले आई। उसने यह आश्वासन दिया था कि तेरे पिताजी तेरे से कुछ भी नहीं कहेंगे।

आजाद

1921 में जब महात्मा गाँधी के असहयोग आन्दोलन प्रारंभ किया तो उन्होंने उसमें सक्रिय योगदान किया। चन्द्रशेखर भी एक दिन धरना देते हुए पकड़े गये। उन्हें पारसी मजिस्ट्रेट मि. खरेघाट के अदालत में पेश किया गया। मि. खरेघाट बहुत कड़ी सजाएँ देते थे। उन्होंने बालक चन्द्रशेखर से उसकी व्यक्तिगत जानकारियों के बारे में पूछना शुरू किया–

तुम्हारा नाम क्या है?

मेरा नाम आजाद है।

तुम्हारे पिता का क्या नाम है?

मेरे पिता का नाम स्वाधीन है।

तुम्हारा घर कहाँ पर है?

मेरा घर जेलखाना है।

मजिस्ट्रेट मि. खरेघाट इन उत्तरों से चिढ़ गए। उन्होंने चन्द्रशेखर को पन्द्रह बेंतों की सजा सुना दी। उस समय चन्द्रशेखर की उम्र केवल चौदह वर्ष की थी। जल्लाद ने अपनी पूरी शक्ति के साथ बालक चन्द्रशेखर की निर्वसन देह पर बेंतों के प्रहार किए। प्रत्येक बेंत के साथ कुछ खाल उधड़कर बाहर आ जाती थी। पीड़ा सहन कर लेने का अभ्यास चन्द्रशेखर को बचपन से ही था। वह हर बेंत के साथ

महात्मा गांधी की जय या भारत माता की जय बोलते जाते था। जब पूरे बेंत लगाए जा चुके तो जेल के नियमानुसार जेलर ने उसकी हथेली पर तीन आने पैसे रख दिए। बालक चन्द्रशेखर ने वे पैसे जेलर के मुँह पर दे मारे और भागकर जेल के बाहर हो गया। इस पहली अग्नि परीक्षा में सम्मानरहित उत्तीर्ण होने के फलस्वरूप बालक चन्द्रशेखर का बनारस के ज्ञानवापी मोहल्ले में नागरिक अभिनन्दन किया गया। अब वह चन्द्रशेखर आजाद कहलाने लगा। बालक चन्द्रशेखर आजाद का मन अब देश को आजाद कराने के अहिंसात्मक उपायों से हटकर सशस्त्र क्रान्ति की ओर मुड़ गया। उस समय बनारस क्रान्तिकारियों का गढ़ था। वह मन्मथनाथ गुप्त और प्रणवेश चटर्जी के सम्पर्क में आये और क्रान्तिकारी दल के सदस्य बन गये। क्रान्तिकारियों का वह दल हिन्दुस्तान प्रजातंत्र संघ के नाम से जाना जाता था।

काकोरी काण्ड

किसी बड़े अभियान में चन्द्रशेखर आजाद सबसे पहले काकोरी डकैती में सम्मिलित हुए। इस अभियान के नेता रामप्रसाद बिस्मिल थे। उस समय चन्द्रशेखर आजाद की आयु कम थी और उनका स्वभाव भी बहुत चंचल था। इसलिए रामप्रसाद बिस्मिल उसे क्विक सिल्वर (पारा) कहकर पुकारते थे। 9 अगस्त, 1925 को क्रान्तिकारियों ने लखनऊ के निकट काकोरी नामक स्थान पर सहारनपुर-लखनऊ सवारी गाड़ी को रोककर उसमें रखा अंग्रेजी खजाना लूट लिया। बाद में एक-एक करके सभी क्रान्तिकारी पकड़े गएय पर चन्द्रशेखर आजाद कभी भी पुलिस के हाथ में नहीं आए। यद्यपि वे झाँसी में पुलिस थाने पर जाकर पुलिस वालों से गपशप लड़ाते थे, पर पुलिस वालों को कभी भी उन पर संदेह नहीं हुआ कि वह व्यक्ति महान क्रान्तिकारी चन्द्रशेखर आजाद हो सकता है। काकोरी कांड के बाद उन्होंने दल का नये सिरे से संगठन किया। अब उसका नाम 'हिन्दुस्तान सोशलिस्ट रिपब्लिकन एसोसिएशन एण्ड आर्मी' रखा गया। चंद्रशेखर इस नये दल के कमांडर थे। वे घूम-घूम कर गुप्त रूप से दल का कार्य बढ़ाते रहे। फरारी के दिनों में झाँसी के पास एक नदी के किनारे साधु के रूप में भी उन्होंने कुछ समय बिताया।

काकोरी काण्ड के बाद झांसी में

जननी, जन्मभूमि के प्रति आदरभाव से भरे आजाद को बिस्मिल से लेकर सरदार भगत सिंह तक उस दौर के लगभग सभी क्रांतिकारियों के साथ काम करने का अवसर

मिला था। मात्र 14 वर्ष की आयु में अपनी जीविका के लिये नौकरी आरम्भ करने वाले आजाद ने 15 वर्ष की आयु में काशी जाकर शिक्षा फिर आरम्भ की और लगभग तभी सब कुछ त्यागकर गांधी जी के असहयोग आन्दोलन में भाग लिया। अपना नाम आजाद बताया, पुलिस के डण्डे खाये, और बाद में वयस्कों की भीड़ के सामने भारत माता को स्वतंत्र कराने के उद्देश्य पर एक ओजस्वी भाषण दिया। काशी की जनता ने बाद में ज्ञानवापी में एक सभा बुलाकर इस बालक का सम्मान किया। सम्पूर्णानन्द के सम्पादन में छपने वाले मर्यादा पत्र में इस घटना की जानकारी के साथ उनका चित्र भी छपा। यही सम्पूर्णानन्द बाद में उत्तर प्रदेश के मुख्यमंत्री भी बने।

काकोरी काण्ड के कई क्रान्तिकारियों को फाँसी के दंड और कई को लम्बे-लम्बे कारावास की सजाएँ मिलीं। चन्द्रशेखर आजाद ने खिसककर झाँसी में अपना अड्डा जमा लिया। झाँसी में चन्द्रशेखर आजाद को एक क्रान्तिकारी साथी मास्टर रुद्रनारायण सिंह का अच्छा संरक्षण मिला। झाँसी में ही सदाशिव राव मलकापुरकर, भगवानदास माहौर और विश्वनाथ वैशंपायन के रूप में उन्हें अच्छे साथी मिल गए। झाँसी की बुंदेलखण्ड मोटर कम्पनी में कुछ दिन उन्होंने मोटर मैकेनिक के रूप में काम किया, मोटर चलाना सीखा और पुलिस अधीक्षक की कार चलाकर उनसे मोटर चलाने का लाइसेंस भी ले आए। बुंदेलखण्ड मोटर कम्पनी के एक ड्राइवर रामानन्द ने चन्द्रशेखर आजाद के रहने के लिए अपने ही मोहल्ले में एक कोठरी किराए पर दिला दी। सब काम ठीक-ठीक चल रहा था, पर कभी-कभी कुछ घटनाएँ मोहल्ले की शान्ति भंग कर देती थीं। आजाद की कोठरी के पास रामदयाल नाम का एक अन्य ड्राइवर सपरिवार रहता था। वैसे तो रामदयाल भला आदमी था, पर रात को जब वह शराब पीकर पहुँचता तो बहुत हंगामा करता और अपनी पत्नी को बहुत पीटता था। उस महिला का रुदन सुनकर मोहल्ले वालों को बहुत ही बुरा लगता था, पर वे किसी के घरेलू मामले में दखल देना उचित नहीं समझते थे। एक दिन सुबह-सुबह चन्द्रशेखर आजाद कारखाने जाने के लिए अपनी कोठरी से बाहर निकले तो रामदयाल से उनकी भेंट हो गई। रामदयाल ने ही बात छेड़ी–

क्यों हरीशंकर जी! (आजाद ने अपना नाम हरिशंकर घोषित कर रखा था) आजकल आप बहुत रात जागकर कुछ ठोंका-पीटी किया करते हैं। आपकी ठुक-ठुक से हमारी नींद हराम हो जाती है।

वैसे तो आजाद स्थिति को टाल देना चाहते थे, पर रामदयाल ने जिस ढंग से बात कही थी, वह उत्तर देने के लिए बहुत अच्छी लगी और आजाद ने ईंट का जवाब पत्थर से दिया–

रामदयाल भाई! मैं तो कल-पुरजों की ही ठोंका-पीटी करता हूँ, पर तुम तो शराब के नशे में अपनी गऊ जैसी पत्नी की ही ठोंका-पीटी करके मोहल्ले भर की नींद हराम करते रहते हो।

यह उत्तर रामदयाल को बहुत ही तीखा लगा। उसे इस बात का बुरा लगा कि कोई उसके घरेलू मामले में क्यों हस्तक्षेप करे। उसका मनुष्यत्व तिरोहित हो गया और पशुत्व ऊपर आ गया। क्रोध से भनभनाता हुआ वह उबल पड़ा।

क्यों बे! मेरी पत्नी का तू कौन होता है, जो तू उसका इस तरह से पक्ष ले रहा है? मैं उसे मारूँगा और खूब मारूँगा। देखता हूँ, कौन साला उसे बचाता है।

आजाद ने शान्त भाव से उसे उत्तर दिया–

जब तुमने मुझे साला कहा है, तो तुमने यह स्वीकार कर ही लिया है कि मैं तुम्हारी पत्नी का भाई हूँ। एक भाई अपनी बहन को पिटते हुए नहीं देख सकता है। अब कभी शराब के नशे में रात को मारा तो ठीक नहीं होगा।

रामदयाल को चुनौती असह्य हो गई। वह आपा खोकर चिल्ला उठा–

ऐसी की तैसी रात की और नशे की। मैं बिना नशा किए ही उसे दिन के उजाले में सड़क पर लाकर मारता हूँ। देखें, कौन साला आगे आता है उसे बचाने को।

यह कहता हुआ रामदयाल आवेश के साथ अपने मकान में घुसा और अपनी पत्नी की चोटी पकड़कर घसीटता हुआ उसे बाहर ले आया और मारने के लिए हाथ उठाया। वह अपनी पत्नी पर हाथ का प्रहार कर भी नहीं पाया था कि आजाद ने उसका हाथ थाम लिया और झटका देकर उसे अपनी ओर खींचा। इस झटके के कारण उसके हाथ से पत्नी के बाल छूट गए और वह मुक्त हो गई। अब आजाद ने एक भरपूर हाथ उसके गाल पर दे मारा। रामदयाल के गाल पर इतने जोर का तमाचा पड़ा कि उसकी आँखों के सामने अँधेरा छा गया और वह अपने दोनों हाथों से अपना सिर थामकर बैठ गया। इस बीच आसपास के लोग दौड़े और कुछ लोग आजाद को समझाते हुए उसे कोठरी के अन्दर ले गए। इस घटना के बाद कुछ दिन तक आजाद और रामदयाल की बोलचाल बन्द हो गई, पर आजाद ने स्वयं ही पहल करके उससे अपने सम्बन्ध मधुर बना लिए तथा अब उसे जीजा जी कहकर पुकारने लगे। रामदयाल ने अपनी पत्नी को फिर कभी नहीं पीटा। आजाद की धाक पूरे मोहल्ले में जम गई। इसी से मिलती-जुलती एक अन्य घटना भी थोड़े ही अन्तराल से हो गई। जिसने पूरे झाँसी में आजाद की धाक जमा दी।

ओरछा प्रवास

जब झाँसी में पुलिस की हलचल बढ़ने लगी तो चन्द्रशेखर आजाद ओरछा राज्य में खिसक गए और सातार नदी के किनारे एक कुटिया बनाकर ब्रह्मचारी के रूप में रहने लगे। आजाद के न पकड़े जाने का एक रहस्य यह भी था कि संकट के समय वे शहर छोड़कर गाँवों की ओर खिसक जाते थे और स्वयं को सुरक्षित कर लेते थे।

चन्द्रशेखर आजाद से भगत सिंह का संपर्क

वर्ष 1924 में उन्होंने कानपुर में दैनिक पत्र 'प्रताप' के संचालक गणेश शंकर विद्यार्थी से भेंट की। इस भेंट के माध्यम से वे बटुकेश्वर दत्त और चन्द्रशेखर आजाद के संपर्क में आए। चन्द्रशेखर आजाद के प्रभाव से भगत सिंह पूर्णतः क्रांतिकारी बन गए। चन्द्रशेखर आजाद भगत सिंह को सबसे काबिल और अपना प्रिय मानते थे। दोनों ने मिलकर कई मौकों पर अंग्रेजों की नाक में दम किया।

भगत सिंह ने लाहौर में 1926 में नौजवान भारत सभा का गठन किया। यह सभा धर्मनिरपेक्ष संस्था थी तथा इसके प्रत्येक सदस्य को सौगन्ध लेनी पड़ती थी कि वह देश के हितों को अपनी जाति तथा अपने धर्म के हितों से बढ़कर मानेगा। लेकिन मई 1930 में इसे गैर-कानूनी घोषित कर दिया गया।

हिन्दुस्तान समाजवादी प्रजातंत्र सेना

क्रान्ति सूत्रों को जोड़कर चन्द्रशेखर आजाद ने अब एक सुदृढ़ क्रान्तिकारी संगठन बना डाला। अब उनकी पार्टी का नाम हिन्दुस्तान समाजवादी प्रजातंत्र सेना था। उनके साथियों ने उनको ही इस सेना का कमाण्डर ऑफ चीफ बनाया। अब भगत सिंह जैसा क्रान्तिकारी भी उनका साथी था। उत्तर प्रदेश और पंजाब तक इस पार्टी का कार्यक्षेत्र बढ़ गया।

साइमन कमीशन का विरोध

उन दिनों भारतवर्ष को कुछ राजनीतिक अधिकार देने की पुष्टि से अंग्रेजी हुकूमत ने सर जॉन साइमन के नेतृत्व में एक आयोग की नियुक्ति की, जो साइमन कमीशन कहलाया। समस्त भारत में साइमन कमीशन का जोरदार विरोध हुआ और स्थान-स्थान पर उसे काले झण्डे दिखाए गए। जब लाहौर में साइमन कमीशन का

विरोध किया गया तो पुलिस ने प्रदर्शनकारियों पर बेरहमी से लाठियाँ बरसाईं। पंजाब के लोकप्रिय नेता लाला लाजपतराय को इतनी लाठियाँ लगीं की कुछ दिन के बाद ही उनकी मृत्यु हो गई। चन्द्रशेखर आजाद, भगत सिंह और पार्टी के अन्य सदस्यों ने लाला जी पर लाठियाँ चलाने वाले पुलिस अधीक्षक सांडर्स को मृत्युदण्ड देने का निश्चय कर लिया।

लाला लाजपतराय का बदला

17 दिसम्बर, 1928 को चन्द्रशेखर आजाद, भगत सिंह और राजगुरु ने संध्या के समय लाहौर में पुलिस अधीक्षक के दफ्तर को जा घेरा। ज्यों ही जे. पी. सांडर्स अपने अंगरक्षक के साथ मोटर साइकिल पर बैठकर निकला, पहली गोली राजगुरु ने दाग दी, जो साडंर्स के मस्तक पर लगी और वह मोटर साइकिल से नीचे गिर पड़ा। भगत सिंह ने आगे बढ़कर चार-छह गोलियाँ और दागकर उसे बिल्कुल ठंडा कर दिया। जब सांडर्स के अंगरक्षक ने पीछा किया तो चन्द्रशेखर आजाद ने अपनी गोली से उसे भी समाप्त कर दिया। लाहौर नगर में जगह-जगह परचे चिपका दिए गए कि लाला लाजपतराय की मृत्यु का बदला ले लिया गया। समस्त भारत में क्रान्तिकारियों के इस कदम को सराहा गया।

वर्ष 1919 से लागू शासन सुधार अधिनियमों की जांच के लिए फरवरी 1928 में “साइमन कमीशन” मुम्बई पहुंचा। देशभर में साइमन कमीशन का विरोध हुआ। 30 अक्टूबर, 1928 को कमीशन लाहौर पहुंचा। लाला लाजपतराय के नेतृत्व में एक जुलूस कमीशन के विरोध में शांतिपूर्ण प्रदर्शन कर रहा था, जिसमें भीड़ बढ़ती जा रही थी। इतनी अधिक भीड़ और उनका विरोध देख सहायक अधीक्षक साण्डर्स ने शांतिपूर्ण प्रदर्शनकारियों पर लाठी चार्ज किया। इस लाठी चार्ज में लाला लाजपतराय बुरी तरह घायल हो गए जिसकी वजह से 17 नवम्बर, 1928 को लालाजी का देहान्त हो गया।

चूंकि लाला लाजपतराय भगत सिंह के आदर्श पुरुषों में से एक थे इसलिए उन्होंने उनकी मृत्यु का बदला लेने की ठान ली। लाला लाजपतराय की हत्या का बदला लेने के लिए ‘हिन्दुस्तान सोशलिस्ट रिपब्लिकन एसोसिएशन’ ने भगत सिंह, राजगुरु, सुखदेव, आजाद और जयगोपाल को यह कार्य दिया। क्रांतिकारियों ने साण्डर्स को मारकर लालाजी की मौत का बदला लिया। साण्डर्स की हत्या ने भगत सिंह को पूरे देश में एक क्रांतिकारी की पहचान दिला दी। लेकिन इससे अंग्रेजी सरकार बुरी तरह बौखला गई। हालात ऐसे हो गए कि सिख होने के बाद भी भगत

सिंह को केश और दाढ़ी काटनी पड़ी। लेकिन मजा तो तब आया जब उन्होंने अलग वेश बनाकर अंग्रेजों की आंखों में धूल झोंकी।

असेंबली में बम धमाका

उन्हीं दिनों अंग्रेज सरकार दिल्ली की असेंबली में पब्लिक 'सेफ्टी बिल' और 'ट्रेड डिस्प्यूट्स बिल' लाने की तैयारी में थी। ये बहुत ही दमनकारी कानून थे और सरकार इन्हें पास करने का फैसला कर चुकी थी। शासकों का इस बिल को कानून बनाने के पीछे उद्देश्य था कि जनता में क्रांति का जो बीज पनप रहा है उसे अंकुरित होने से पहले ही समाप्त कर दिया जाए।

लेकिन चंद्रशेखर आजाद और उनके साथियों को यह हरगिज मंजूर नहीं था। सो उन्होंने निर्णय लिया कि वह इसके विरोध में संसद में एक धमाका करेंगे जिससे बहरी हो चुकी अंग्रेज सरकार को उनकी आवाज सुनाई दे। इस काम के लिए भगत सिंह के साथ बटुकेश्वर दत्त को कार्य सौंपा गया। 8 अप्रैल, 1929 के दिन जैसे ही बिल संबंधी घोषणा की गई तभी भगत सिंह ने बम फेंका। भगत सिंह ने नारा लगाया इन्कलाब जिन्दाबाद साम्राज्यवाद का नाश हो, इसी के साथ अनेक पर्चे भी फेंके, जिनमें अंग्रेजी साम्राजयवाद के प्रति आम जनता का रोष प्रकट किया गया था। इसके पश्चात क्रांतिकारियों को गिरफ्तार करने का दौर चला। भगत सिंह और बटुकेश्वर दत्त को आजीवन कारावास मिला।

भगत सिंह और उनके साथियों पर 'लाहौर षडयंत्र' का मुकदमा भी जेल में रहते ही चला। भागे हुए क्रांतिकारियों में प्रमुख राजगुरु पूना से गिरफ्तार करके लाए गए। अंत में अदालत ने वही फैसला दिया, जिसकी पहले से ही उम्मीद थी।

अदालत ने भगत सिंह को भारतीय दंड संहिता की धारा 129, 302 तथा विस्फोटक पदार्थ अधिनियम की धारा 4 तथा 6 एफ तथा भारतीय दण्ड संहिता की धारा 120 के अंतर्गत अपराधी सिद्ध किया तथा 7 अक्टूबर, 1930 को 68 पृष्ठीय निर्णय दिया, जिसमें भगत सिंह, सुखदेव, राजगुरु को मृत्युदंड की सजा मिली।

चन्द्रशेखर आजाद के ही सफल नेतृत्व में भगत सिंह और बटुकेश्वर दत्त ने 8 अप्रैल, 1929 को दिल्ली की केन्द्रीय असेंबली में बम विस्फोट किया। यह विस्फोट किसी को भी नुकसान पहुँचाने के उद्देश्य से नहीं किया गया था। विस्फोट अंग्रेज सरकार द्वारा बनाए गए काले कानूनों के विरोध में किया गया था। इस काण्ड के फलस्वरूप भी क्रान्तिकारी बहुत जनप्रिय हो गए। केन्द्रीय असेंबली में बम विस्फोट

करने के पश्चात भगतिसिंह और बटुकेश्वर दत्त ने स्वयं को गिरफ्तार करा लिया। वे न्यायालय को अपना प्रचार-मंच बनाना चाहते थे।

अल्फ्रेड पार्क की घटना

चन्द्रशेखर आजाद घूम-घूमकर क्रान्ति प्रयासों को गति देने में लगे हुए थे। आखिर वह दिन भी आ गया, जब किसी मुखबिर ने पुलिस को यह सूचना दी कि चन्द्रशेखर आजाद अल्फ्रेड पार्क में अपने एक साथी के साथ बैठे हुए हैं। वह 27 फरवरी, 1931 का दिन था। चन्द्रशेखर आजाद अपने साथी सुखदेव के साथ बैठकर विचार-विमर्श कर रहे थे। मुखबिर की सूचना पर पुलिस अधीक्षक नॉट बाबर ने आजाद को इलाहाबाद के अल्फ्रेड पार्क में घेर लिया। तुम कौन हो कहने के साथ ही उत्तर की प्रतीक्षा किए बिना नॉट बाबर ने अपनी गोली आजाद पर छोड़ दी। नॉट बाबर की गोली चन्द्रशेखर आजाद की जाँघ में जा लगी। आजाद ने घिसटकर एक जामुन के वृक्ष की ओट लेकर अपनी गोली दूसरे वृक्ष की ओट में छिपे हुए नॉट बाबर के ऊपर दाग दी। आजाद का निशाना सही लगा और उनकी गोली ने नाटबाबर की कलाई तोड़ दी। एक घनी झाड़ी के पीछे सी.आई.डी. इंस्पेक्टर विश्वेश्वर सिंह छिपा हुआ था, उसने स्वयं को सुरक्षित समझकर आजाद को एक गाली दे दी। गाली की आवाज सुनकर आजाद को क्रोध आया। जिस दिशा से गाली की आवाज आई थी, उस दिशा में आजाद ने अपनी गोली छोड़ दी। निशाना इतना सही लगा कि आजाद की गोली ने विश्वेश्वर सिंह का जबड़ा तोड़ दिया।

अल्फ्रेड पार्क, जिसे अब भारत के प्रसिद्ध क्रांतिकारी चन्द्रशेखर आजाद के नाम पर चन्द्रशेखर आजाद पार्क के नाम से जाना जाता है, यह पार्क 133 एकड़ में फैला हुआ है। अल्फ्रेड पार्क भारतीय इतिहास की कई युगांतरकारी घटनाओं का गवाह रहा है। इसी पार्क में महान क्रांतिकारी चन्द्रशेखर आजाद ने देश के लिए अपने प्राणों की आहुति दी थी। पार्क में उत्तर प्रदेश की सबसे पुरानी और बड़ी जीवन्त गाथिक शैली में बनी पब्लिक लाइब्रेरी भी है, जहाँ पर ब्रिटिश युग के महत्त्वपूर्ण संसदीय कागजात रखे हुए हैं।

राजकुमार अल्फ्रेड डयूक ऑफ एडिनबरा के इलाहाबाद आगमन को यादगार बनाने हेतु इसका निर्माण किया गया था। पार्क के अंदर राजा जॉर्ज पंचम और महारानी विक्टोरिया की विशाल प्रतिमा भी लगाई गई थी। इसमें महारानी विक्टोरिया को समर्पित सफेद रंग के मार्बल की छतरी बनी हुई है। पार्क में अष्टकोणीय बैण्ड

स्टैण्ड है, जहाँ अंग्रेज सेना का बैण्ड बजाया जाता था। इस बैण्ड स्टैण्ड के इटालियन संगमरमर की बनी स्मारिका के नीचे ही महारानी विक्टोरिया की भव्य मूर्ति थी, जिसे 1957 में हटा दिया गया। अलफ्रेड पार्क में उत्तर प्रदेश की सबसे पुरानी और बड़ी जीवन्त गाथिक शैली में बनी पब्लिक लाइब्रेरी भी है, जहाँ पर ब्रिटिश युग के महत्त्वपूर्ण संसदीय कागजात रखे हुए हैं। पार्क के अंदर ही 1931 में इलाहाबाद महापालिका द्वारा स्थापित संग्रहालय भी है। इस संग्रहालय को पंडित जवाहरलाल नेहरू ने 1948 में अपनी काफी वस्तुएं भेंट की थीं।

इस पार्क में ही चन्द्रशेखर आजाद ने अंग्रेज पुलिस से हुई मुठभेड़ के दौरान शहादत पाई थी। भारत के एक और अन्य प्रसिद्ध क्रांतिकारी रामप्रसाद बिस्मिल के नेतृत्व में चन्द्रशेखर आजाद ने काकोरी षडयंत्र (1925) एवं साण्डर्स गोलीकांड (1928) में सक्रिय भूमिका निभाई थी। अल्फ्रेड पार्क में 1931 में आजाद ने रूस की बोल्शेविक क्राँति की तर्ज पर समाजवादी क्राँति का आह्वान किया था। आजाद ने भगत सिंह, राजगुरु, सुखदेव व अन्य क्रांतिकारियों के साथ देश की आजादी के लिए संगठित हो प्रयास शुरू किए थे।

काकोरी काण्ड के बाद जब चन्द्रशेखर आजाद 27 फरवरी, 1931 को इलाहाबाद के अल्फ्रेड पार्क में बैठे अपने मित्र सुखदेव से मंत्रणा कर रहे थे, तभी उन्हें घेर लिया गया। एक गद्दार देशद्रोही की गुप्त सूचना पर सी.आई.डी. का एस.एस. पी. नॉट बाबर जीप से वहाँ आ पहुँचा। उसके पीछे-पीछे भारी संख्या में कर्नलगंज थाने से पुलिस भी आ गयी। चन्द्रशेखर आजाद ने अपने साथियों को तुरन्त ही वहाँ से निकल जाने को कहा। दोनों ओर से भयंकर गोलीबारी हुई। जब आजाद के पास सिर्फ एक गोली रह गयी तो उन्होंने अपने को आजीवन आजाद रखने की कसम को निभाते हुये आखिरी गोली अपनी कनपटी पर मार ली और शहीद हो गए। यह घटना हमेशा के लिए भारतीय इतिहास में दर्ज हो गई।

शहादत

बहुत देर तक आजाद ने जमकर अकेले ही मुकाबला किया। उन्होंने अपने साथी सुखदेवराज को पहले ही भगा दिया था। आखिर पुलिस की कई गोलियाँ आजाद के शरीर में समा गईं। उनके माउजर में केवल एक आखिरी गोली बची थी। उन्होंने सोचा कि यदि मैं यह गोली भी चला दूँगा तो जीवित गिरफ्तार होने का भय है। अपनी कनपटी से माउजर की नली लगाकर उन्होंने आखिरी गोली स्वयं पर ही चला दी। गोली घातक सिद्ध हुई और उनका प्राणांत हो गया। इस घटना में चंद्रशेखर

आजाद की मृत्यु हो गई और उन्हें पोस्टमार्टम के लिए ले जाया गया। उनकी पोस्टमार्टम रिपोर्ट के अनुसार उन्हें तीन या चार गोलियाँ लगी थीं। चंद्रशेखर आजाद के शहीद होने का समाचार जवाहरलाल नेहरू की पत्नी कमला नेहरू को प्राप्त हुआ। उन्होंने ही कांग्रेसी नेताओं और देशभक्तों को यह समाचार बताया। श्मशान घाट से आजाद की अस्थियाँ लेकर एक जुलूस निकला। इलाहाबाद की मुख्य सड़कें अवरूद्ध हो गयीं, ऐसा लग रहा था मानो सारा देश अपने इस सपूत को अंतिम विदाई देने के लिए उमड़ पड़ा है। जुलूस के बाद एक सभा हुई। सभा को शचीन्द्रनाथ सान्याल की पत्नी ने सम्बोधित करते हुए कहा–

जैसे बंगाल में खुदीराम बोस की शहादत के बाद उनकी राख को लोगों ने घर में रखकर सम्मानित किया वैसे ही आजाद को भी सम्मान मिलेगा।

सभा को जवाहरलाल नेहरू ने भी सम्बोधित किया।

शहीदों के आदर्श आजाद

उसके बाद उन्होंने देश भर में अनेक क्रांतिकारी गतिविधियों में भाग लिया और अनेक अभियानों का प्लान, निर्देशन और संचालन किया। पण्डित रामप्रसाद बिस्मिल के काकोरी कांड से लेकर शहीद भगत सिंह के सौण्डर्स व संसद अभियान तक में उनका उल्लेखनीय योगदान रहा है। काकोरी काण्ड, सौण्डर्स हत्याकाण्ड व बटुकेश्वर दत्त और भगत सिंह का असेम्बली बम काण्ड उनके कुछ प्रमुख अभियान रहे हैं। उनके आग्रह पर ही भगवतीचरण वोहरा ने 'फिलॉसाफी ऑफ द बॉम' तैयार किया था। उनके सरल, सत्यवादी और धर्मात्मा स्वभाव और अपने साथियों के प्रति प्रेम और समर्पण के लिये वे सदा आदरणीय रहे। क्रांतिकारी ही नहीं कांग्रेसी भी उनका बहुत आदर करते थे। अचूक निशानेबाज आजाद का प्रण था कि वे अंग्रेजों की जेल में नहीं रहेंगे।

भगवतीचरण वोहरा

काकोरी काण्ड के बाद फरार आजाद ने पण्डित रामप्रसाद बिस्मिल और साथियों की पैरवी और जीवन रक्षा के लिये बहुत प्रयत्न किये थे। सुखदेव, राजगुरु और भगत सिंह को बचाने के लिये उन्होंने जेल पर बम से हमले की योजना बनाई और उसके लिये नये और अधिक शक्तिशाली बमों पर काम किया। दुर्भाग्य से बमों की तैयारी और जाँच के दौरान बम विशेषज्ञ क्रांतिकारी भगवतीचरण वोहरा की मृत्यु हो गयी जिसने उन्हें शहीदत्रयी-बचाव कार्यक्रम की दिशा बदलने को मजबूर किया।

वे विभिन्न कांग्रेसी नेताओं के अतिरिक्त उस समय जेल में बन्द गणेश शंकर विद्यार्थी से भी मिले। दुर्गा भाभी को गांधी जी से मिलने भेजा। इलाहाबाद आकर वे नेहरूजी सहित कई बड़े नेताओं से मिलकर भागदौड़ कर रहे थे। इलाहाबाद प्रवास के दौरान वे मोतीलाल नेहरू की शवयात्रा में भी शामिल हुए थे।

आजाद के संबंध में दुर्गा भाभी का कहना था—"भैया सरल स्वभाव के थे। दाँव-पेंच और कपट की बातों से उनका दम घुटता था। उस समय पूरे देश में एक संगठन था और उसके केन्द्र थे 'आजाद'।"

आजाद की पहली जीवनी क्रांतिकारी विश्वनाथ वैशम्पायन ने लिखी थी

27 फरवरी 1931 को जब वे अपने साथी सरदार भगत सिंह की जान बचाने के लिये आनन्द भवन में नेहरू जी से मुलाकात करके निकले तब पुलिस ने उन्हें चन्द्रशेखर आजाद पार्क (तब अल्फ्रेड पार्क) में घेर लिया। पुलिस पर अपनी पिस्तौल से गोलियाँ चलाकर आजाद ने पहले अपने साथी सुखदेव राज को वहाँ से से सुरक्षित हटाया और अंत में एक गोली अपनी कनपटी पर दाग ली और आजाद नाम सार्थक किया।

पुलिस ने बिना किसी सूचना के उनका अंतिम संस्कार कर दिया। बाद में पता लगने पर युवकों ने उनकी अस्थि-भस्म के साथ नगर में यात्रा निकाली। कहते हैं कि इलाहाबाद नगर ने वैसी भीड़ उससे पहले कभी नहीं देखी थी। यात्रा सम्पन्न होने पर प्रतिभा सान्याल, कमला नेहरू, पण्डित नेहरू, पुरुषोत्तम दास टण्डन सहित अनेक नेताओं ने इस महान क्रांतिकारी को अश्रुपूरित श्रद्धांजलि दी।

दल का संबंध मुझसे है, मेरे घर वालों से नहीं। मैं नहीं चाहता कि मेरी जीवनी लिखी जाए।

चंद्रशेखर आजाद का संकल्प

गांधीजी ने 1921 में अंग्रेजों के विरुद्ध 'सविनय अवज्ञा आंदोलन' चलाया। अंग्रेजों और उनकी वस्तुओं का बहिष्कार किया गया। आंदोलन देश भर में फैल गया था। बनारस की घटना है। आंदोलन से विद्यार्थी भी अछूते न रहे। एक दिन बनारस में कुछ विद्यार्थी 'भारत माता की जय' का नारा लगाते हुए जुलूस की शक्ल में जा रहे थे। उनका नेतृत्व एक पंद्रह वर्षीय छात्र चंद्रशेखर कर रहा था।

देशभक्ति के जोश से भरे इन युवकों के सामने अचानक पुलिस आ गई और सभी को हथकड़ी लगाकर अदालत ले गई। चूंकि नेता चंद्रशेखर था, इसलिए

सर्वप्रथम पूछताछ भी उसी से हुई। चंद्रशेखर से जज ने पूछा-'तुम्हारा नाम क्या है?' चंद्रशेखर ने निर्भीकता से जवाब दिया-'आजाद।'

अगला प्रश्न जज ने किया-'तुम्हारे पिता का नाम क्या है?' चंद्रशेखर ने गर्व से सिर उठाकर कहा- 'स्वतंत्र।' जज ने झुंझलाकर इस बार पूछा- 'तुम्हारा घर कहां है?' चंद्रशेखर ने बिना डरे कहा- 'जेल।' अब तो जज आपे से बाहर हो गया। उसने चंद्रशेखर को पन्द्रह बेंत लगाने का आदेश दिया। पुलिस ने बेंत मार-मारकर चंद्रशेखर को लहूलुहान कर दिया, किंतु वह 'भारत माता की जय' बोलता रहा। अंतिम बेंत के बाद वह बेहोश हो गया।

जब होश आया, तो चोट की कोई परवाह किए बगैर 'भारत माता की जय' का नारा लगाकर घर की ओर चल दिया। उसके साहस और देश भक्ति के जज्बे की सराहना स्वरूप उसका नागरिक अभिनंदन किया गया। आगे चलकर उसी चंद्रशेखर आजाद ने देश को स्वतंत्र कराने में अप्रतिम योगदान दिया। जब मन में अच्छे उद्देश्यों के लिए समर्पण भाव प्रबल हो, तो तन हर कष्ट सह जाता है। राष्ट्र के संदर्भ में यह आत्म बलिदान की अंतिम सीमा तक जाता है।

3

सशस्त्र क्रांति का प्रगतिशील युग और आजाद

काकोरी ट्रेन डकैती और साण्डर्स की हत्या में शामिल निर्भय क्रांतिकारी चंद्रशेखर आजाद, का जन्म 23 जुलाई, 1906 को उन्नाव, उत्तर प्रदेश में हुआ था। चंद्रशेखर आजाद का वास्तविक नाम चंद्रशेखर सीताराम तिवारी था। चंद्रशेखर आजाद का प्रारंभिक जीवन आदिवासी बाहुल्य क्षेत्र भावरा गांव में व्यतीत हुआ। भील बालकों के साथ रहते-रहते चंद्रशेखर आजाद ने बचपन में ही धनुष बाण चलाना सीख लिया था। चंद्रशेखर आजाद की माता जगरानी देवी उन्हें संस्कृत का विद्वान बनाना चाहती थीं। इसीलिए उन्हें संस्कृत सीखने लिए काशी विद्यापीठ, बनारस भेजा गया। दिसंबर 1921 में जब गांधी जी द्वारा असहयोग आंदोलन की शुरुआत की गई उस समय मात्र चौदह वर्ष की उम्र में चंद्रशेखर आजाद ने इस आंदोलन में भाग लिया जिसके परिणामस्वरूप उन्हें गिरफ्तार कर मजिस्ट्रेट के समक्ष उपस्थित किया गया। जब चंद्रशेखर से उनका नाम पूछा गया तो उन्होंने अपना नाम आजाद और पिता का नाम स्वतंत्रता बताया। यहीं से चंद्रशेखर सीताराम तिवारी का नाम चंद्रशेखर आजाद रखा गया था। चंद्रशेखर को पंद्रह दिनों के कड़े कारावास की सजा दी गई।

इस युग में भारत की आजादी के लिए जो प्रयत्न किए गए, वे अहिंसात्मक आंदोलनकारियों और क्रांतिकारियों द्वारा मिलजुलकर किए गए। इस आंदोलन के दो प्रमुख चरण थे।

1922 में गांधी जी द्वारा असहयोग आंदोलन को स्थगित कर दिया गया। इस घटना ने चंद्रशेखर आजाद को बहुत आहत किया। उन्होंने ठान लिया कि किसी भी तरह देश को स्वतंत्रता दिलवानी ही है। एक युवा क्रांतिकारी प्रणवेशकुमार चटर्जी ने उन्हें हिंदुस्तान रिपब्लिकन एसोसिएशन जैसे क्रांतिकारी दल के संस्थापक राम प्रसाद बिस्मिल से मिलवाया। आजाद इस दल और बिस्मिल के समान स्वतंत्रता और बिना किसी भेद-भाव के सभी को अधिकार जैसे विचारों से बहुत प्रभावित हुए। चंद्रशेखर आजाद के समर्पण और निष्ठा की पहचान करने के बाद बिस्मिल ने चंद्रशेखर आजाद को अपनी संस्था का सक्रिय सदस्य बना दिया। अंग्रेजी सरकार के धन की चोरी और डकैती जैसे कार्यों को अंजाम दे कर चंद्रशेखर आजाद अपने साथियों के साथ संस्था के लिए धन एकत्र करते थे। लाला लाजपत राय की हत्या का बदला लेने के लिए चंद्रशेखर आजाद ने अपने साथियों के साथ मिलकर साण्डर्स की हत्या भी की थी। आजाद का यह मानना था कि संघर्ष की राह में हिंसा होना कोई बड़ी बात नहीं है इसके विपरीत हिंसा बेहद जरूरी है। जलियांवाला बाग जैसे अमानवीय घटनाक्रम जिसमें हजारों निहत्थे और बेगुनाहों पर गोलियां बरसाई गईं, ने चंद्रशेखर आजाद को बहुत आहत किया जिसके बाद उन्होंने हिंसा को ही अपना मार्ग बना लिया।

ब्रिटिश साम्राज्य से भारत की स्थिति काफी बिगड़ चुकी थी। 1918-19 ई. के मध्य में भारतीय राजनीति के परिप्रेक्ष्य में कुछ इस प्रकार की घटनाएँ घटित हुई जिसके कारण भारतीयों के भीतर एक बहुत बड़ा असंतोष व्याप्त हो गया। 1920 में राष्ट्रीय कांग्रेस का नेतृत्व महात्मा गांधी के हाथों में चला गया जिन्होंने इस संस्था को जनसंपर्क करने और एक जन आंदोलन संचालित करने योग्य बनाया। वास्तव में 'राष्ट्रीय' आंदोलन 1920 से ही आरंभ हुआ। गांधीजी ने अहिंसात्मक असहयोग, सत्याग्रह और सविनय अवज्ञा आंदोलन के माध्यम से देश में एक नई राष्ट्रीय चेतना जागृत की। उन्होंने दक्षिण अफ्रीका में सत्याग्रह के माध्यम से गोरी सरकार को भारतीयों को सुविधाएँ देने पर बाध्य किया था। जनवरी, 1915 ई. में वह भारत आ गए। 1917 ई. में उन्होंने सत्याग्रह और अहिंसा के आधार पर दो प्रमुख सफलताएँ प्राप्त कीं–भारतीय मजदूरों को बलपूर्वक अंग्रेजी उपनिवेशों में काम करने के लिए ले जाने की पद्धति को बंद करवाना और चंपारण (बिहार) में नील की खेती करने वाले कृषकों पर हो रहे अत्याचारों को दूर करवाना। चंपारण के पश्चात अहमदाबाद में मिल मजदूरों की हड़ताल को सफल बनाना और खेड़ा जिले में कृषकों को लगान में छूट दिलवाना उनके अहिंसात्मक सत्याग्रह की सफलता थी। इससे गांधीजी

भारतीय रंगमंच पर एक नए राजनीतिक शस्त्र को लेकर आए जिससे भारतीय जनता को अंग्रेजी शक्ति के भय से मुक्ति दिलवाई।

रौलट ऐक्ट : भारत ने प्रथम विश्व युद्ध में अंग्रेजों की सुरक्षा के लिए हर तरह से मदद किया और अंग्रेजों की इस दयनीय स्थिति का कोई फायदा नहीं लिया। भारतीय नेता यह आशा करते थे कि युद्ध समाप्ति के पश्चात अंग्रेज अधिकारी भारतीय आकांक्षाओं को पूरा करने का प्रयास करेंगे। लेकिन अंग्रेज नौकरशाही का ऐसा कोई विचार नहीं था। वह क्रांतिकारियों और उग्र विचारों के राष्ट्रीय नेताओं से इतनी अधिक आतंकित थी कि 1918 में एक कमेटी न्यायाधीश रौलट की अध्यक्षता में नियुक्त की, जिसे क्रांतिकारी गतिविधियों की रोकथाम के लिए उपाय बनाने के लिए कहा गया। इस कमेटी ने एक अत्यंत कठोर नियम बनाने का सुझाव दिया, जिसे सरकार ने भारतीय नेताओं के विरोध की उपेक्षा करके 21 मार्च, 1919 ई. को लागू कर दिया।

यह अधिनियम ही रौलट ऐक्ट के नाम से विख्यात है। इसके अनुसार किसी भी व्यक्ति पर संदेह मात्र होने से उसे बंदी बनाया तथा उस पर गुप्त रूप से मुकदमा चलाकर उसे दंडित किया जा सकता था। किसी भी व्यक्ति के निवास तथा उसकी गतिविधियों पर नियंत्रण रखा जा सकता था। इस नियम के विरोध में पहले 20 मार्च और फिर 6 अप्रैल को देशव्यापी हड़ताल की गई जिसमें विभिन्न स्थानों पर पुलिस ने निहत्थी भीड़ पर गोली चलाई। गांधीजी को पंजाब प्रवेश की अनुमति नहीं दी गई। पंजाब के उप-गवर्नर माइकेल ओडायर का प्रशासन अधिक क्रूर तथा अमानवीय था। भय और आतंक के आधार पर उसने पंजाब की जनता को शांत रखा था। उसकी युद्ध के लिए बलपूर्वक सैनिक भर्ती करने की नीति से जनता में व्यापक असंतोष था। इस असंतोष को व्यक्त न होने देने के लिए उसने 9 अप्रैल को अमृतसर के दो लोकप्रिय नेताओं–डॉ. सतपाल और डॉ. किचलू– को नगर से बाहर भेज दिया। इससे क्रूद्ध होकर लोगों ने शांतिपूर्ण प्रदर्शन किया। पुलिस ने अकारण गोली चलाई जिससे कुछ व्यक्तियों की मृत्यु हो गई। भीड़ के एक भाग ने उग्र होकर कुछ यूरोपियनों की हत्या कर दी तथा कुछ सरकारी भवनों को आग लगा दी।

जलियाँवाला बाग हत्याकांड : सत्याग्रह का पूरे देश में काफी प्रभाव रहा। इसी दौरान गांधी जी और कुछ अन्य नेताओं के पंजाब प्रवेश पर रोक लगाने के कारण वहाँ की जनता में अक्रोश व्याप्त था। 11 अप्रैल , 1919 ई. को ब्रिगेडियर जनरल डायर उपद्रव पर नियंत्रण करने के लिए अमृतसर पहुँचा। उसने व्यावहारिक रूप में बिना घोषणा किए मार्शल लॉ की स्थिति स्थापित कर दी। 12 अप्रैल से व्यक्तियों को धड़ाधड़ बंदी बनाया गया, सभाओं और जुलूसों पर प्रतिबंध लगा दिया गया। यद्यपि नगर के सब भागों में इस प्रतिबंध की सूचना नहीं दी गई। उसी दिन जनता

की ओर से 13 अप्रैल, 1919 ई. को 4.30 बजे सायंकाल जलियाँवाला बाग में एक सार्वजनिक सभा की घोषणा भी की गई। जनरल डायर को इस सभा का पता था लेकिन उसने इसे रोकने के लिए कोई कार्य नहीं किया। सभा यथा समय हुई और लगभग आठ या दस हजार व्यक्ति उपस्थित थे। सभा आरंभ होने के समय जनरल डायर अपनी सैनिक टुकड़ी तथा बख्तरबंद गाड़ियों को लेकर पहुँच गया और भीड़ पर बिना पूर्व चेतावनी के उस समय तक गोलियाँ चलाता रहा जब तक वे समाप्त नहीं हो गईं। 1650 गोलियाँ निशाना बांधकर छोड़ी गईं। इस गोलीकांड में लगभग 1,000 व्यक्तियों की मृत्यु हुई।

जनरल डायर, भारत सरकार और इंग्लैंड की जनता के एक भाग ने इस गोलीकांड का समर्थन किया। इस हत्याकांड से समस्त भारत में असंतोष जागृत हुआ। अंग्रेजी सरकार और राष्ट्रीय कांग्रेस ने पृथक-पृथक इस कांड के लिए जाँच समितियाँ नियुक्त कीं। सरकार की ओर से हंटर कमेटी ने रिपोर्ट प्रस्तुत की। इस रिपोर्ट से जनरल डायर के कार्यों का औचित्य स्पष्ट नहीं होता। डायर ने जलियाँवाला बाग के घायल अथवा मृतकों की स्वयं कोई चिंता नहीं की और कर्फ्यू लगाकर उनके संबंधियों को भी देखभाल करने का अवसर नहीं दिया। 15 अप्रैल को अमृतसर में मार्शल लॉ लगा दिया और फिर जिस प्रकार के अमानवीय तथा क्रूर अत्याचार पंजाब में किए गए उसका उदाहरण मिलना अत्यंत दुष्कर है। शांत भीड़ पर हवाई जहाजों से बम गिराए गए, लोगों को नग्न करके कोड़े लगाए गए।

जलियाँवाला बाग हत्याकांड के सन्दर्भ में ब्रिटिश प्रशासन एवं कुछ प्रमुख अधिकारियों ने जनरल डायर के कार्यों की पर्याप्त निंदा अथवा आलोचना नहीं की। भारत में अंग्रेजों ने और इंग्लैंड में हाउस ऑफ लार्ड्स ने उनका स्पष्ट समर्थन किया। इंग्लैंड सरकार ने जनरल डायर को सेवा से अवकाश प्रदान कर दिया। भारतवासियों पर सामान्य अंग्रेजों द्वारा जनरल डायर के समर्थन और जलियाँवाला बाग के हत्याकांड की निंदा न करने का बड़ा दूरगामी प्रभाव हुआ। भारतीयों और अंग्रेजों के मध्य अविश्वास की एक खाई पैदा हो गई जो कालांतर में बढ़ती ही गई।

खिलाफत आंदोलन : भारत के मुसलमान तुर्की सुल्तान के समर्थक थे। तुर्की के सुलतान को इस्लामी जगत का धार्मिक नेता (अर्थात खलीफा) समझा जाता था। 1913-15 ई. में मौलाना अबुल कलाम आजाद और मौलाना मोहम्मद अली ने भारतीय मुसलमानों को तुर्की साम्राज्य और पश्चिमी साम्राज्यवादी देशों की तुर्की के प्रति नीति के संबंध में राजनीतिक शिक्षा प्रदान की। प्रथम विश्व युद्ध में तुर्की ने इंग्लैंड के विरुद्ध जर्मनी का साथ दिया। इंग्लैंड के प्रधानमंत्री लायड जॉर्ज ने युद्ध

के प्रचलित रहते हुए यह घोषणा की कि तुर्की की अखंडता और उसके अधीन एशियाई प्रदेशों पर उसका नियंत्रण यथास्थितिपूर्ण रहेगा। लेकिन 1918 ई. की युद्ध विराम संधि में तुर्की के एशियाई प्रदेश पर इंग्लैंड और फ्रांस का नियंत्रण मेंडेट प्रणाली के अधीन स्थापित किया गया और तुर्की में भी सुलतान के अधिकारों पर नियंत्रण के लिए एक उच्च आयुक्त नियुक्त किया गया।

भारतीय मुसलमानों में यह आन्दोलन 1918-19 के मध्य उग्र रूप धारण कर लिया था। अली बंधु (मौलाना मोहम्मद अली और शौकत अली) तथा अबुल कलाम आजाद इस आंदोलन के प्रभावशाली नेता थे। इन नेताओं के विचारों में कुछ अंतर था। अली बंधु खिलाफत को धार्मिक संस्था और खलीफा के धार्मिक नेतृत्व की आवश्यकता और महत्त्व पर बल देते थे। अबुल कलाम आजाद इसके राजनीतिक पक्ष पर बल देते थे। 1920 ई. में तुर्की में सुलतान के विरुद्ध राष्ट्रीय आंदोलन कमालपाशा के नेतृत्व में हो रहा था लेकिन वे खिलाफत आंदोलन द्वारा प्रस्तुत मांगों का समर्थन नहीं कर रहे थे। वे न तो खिलाफत के समर्थक थे और न एशियाई प्रदेशों पर अपना नियंत्रण स्थापित करने के पक्ष में थे। भारतीय खिलाफत आंदोलन से तुर्की के राष्ट्रवादियों को कोई समर्थन नहीं मिला। 1924 ई. में तुर्की में खिलाफत संस्था को ही समाप्त कर दिया गया। खिलाफत आंदोलन स्वतः असंगत तथा अवास्तविक सिद्ध हुआ।

परन्तु 1919-20 ई. में भारतीय राजनीति के रंगमंच पर ध्यान देने से यह स्पष्ट हो रहा था कि कि मुसलमानों में राजनीतिक चेतना तथा अंग्रेज विरोधी भावनाएँ पहली बार पैदा हुईं। इसलिए राष्ट्रीय नेताओं ने मुसलमानों की धार्मिक संस्था के आंदोलन के समर्थन का निश्चय किया। गांधीजी ने खिलाफत आंदोलन का इसलिए भी समर्थन किया कि उन्हें यह आंदोलन सत्य और न्याय पर आधारित दिखाई पड़ा। नवंबर, 1919 ई. में दिल्ली में हुए ऑल इंडिया खिलाफत सम्मेलन ने गांधीजी को अध्यक्ष चुना और उनके परामर्श पर असहयोग और बायकाट की नीति की धमकी अंग्रेजों को दी। गांधीजी के समर्थन का एक अन्य कारण यह भी था कि हिंदुओं द्वारा मुसलमानों की न्यायोचित माँग का समर्थन, हिंदू-मुस्लिम एकता राष्ट्रीय आंदोलन में सहायक होगा। एक खिलाफत शिष्टमंडल इंग्लैंड गया लेकिन इंग्लैंड सरकार से उसे कोई सहायता नहीं मिली। गांधीजी ने 1 अगस्त, 1920 ई. को खिलाफत के प्रश्न पर असहयोग आंदोलन आरंभ कर दिया। इस असहयोग आंदोलन की नीति का कांग्रेस द्वारा अनुमोदन सितंबर, 1920 ई. में एक विशेष अधिवेशन में और दिसंबर, 1920 ई. के वार्षिक अधिवेशन में कर दिया गया। असहयोग नीति के पक्ष

में व्यापक समर्थन प्राप्त करने के लिए अन्य कारण, पंजाब में अंग्रेजी अत्याचार, रौलट ऐक्ट और भारतीय स्वराज्य की माँग भी जोड़ दिए गए।

असहयोग आंदोलन की प्रगति

असहयोग आन्दोलन औपचारिक रूप से एक अगस्त, 1920 को प्रारंभ हुआ था। यह आन्दोलन प्रमुख रूप से दो भागों में विभाजित था। पहला सृजनात्मक और दूसरा विध्वंसात्मक। रचनात्मक कार्यों में स्वदेशी को प्रोत्साहन, असहयोग आंदोलन के लिए 'तिलक कोष' में एक करोड़ की राशि एकत्र करना (तिलक की मृत्यु के पश्चात यह कोष स्थापित किया गया), स्वयं सेवकों की एक विशाल संख्या भर्ती करना, 20 लाख चरखों को बेरोजगारों में बँटवाना सम्मिलित थे।

आंदोलन के विध्वंसात्मक कार्यक्रम को तीन वस्तुओं के बायकाट से संबंधित किया जाता है। ये प्रमुख बायकाट थे–अंग्रेजी विधान सभाओं, न्यायालयों, अंग्रेजी वस्तुओं के प्रयोग तथा मदिरापान का त्याग। 1921 ई. में असहयोग आंदोलन अत्यधिक लोकप्रिय रहा। विधान सभाओं के बहिष्कार में असहयोग आंदोलन असफल रहा। कांग्रेसी सदस्यों ने विधान सभा के निर्वाचनों में अवश्य भाग नहीं लिया लेकिन वे मतदाताओं को अथवा अन्य सदस्यों को निर्वाचन में भाग लेने से नहीं रोक सके। निर्वाचित विधान सभाएँ वास्तविक प्रतिनिधित्व नहीं कर सकीं। न्यायालयों के बहिष्कार में यद्यपि सी.आर. दास और पंडित मोतीलाल नेहरू ने बायकाट करके एक उच्च उदाहरण प्रस्तुत किया लेकिन यह बायकाट अधिक समय तक उस जोश से प्रचलित नहीं रहा जिस प्रकार आरंभ हुआ था। इसी प्रकार पंचायतों द्वारा मुकदमों के निर्णयों की पद्धति भी कुछ स्थानों को छोड़कर असफल रही। इस बहिष्कार और पंचायती प्रणाली का अंग्रेजी न्यायालयों पर अधिक प्रभाव नहीं पड़ा। सरकारी शिक्षा पद्धति का बहिष्कार अवश्य अधिक व्यापक रूप में आरंभ हुआ। लेकिन शीघ्र ही विद्यार्थी वापस शिक्षा संस्थाओं में आने लगे क्योंकि अधिक विद्यार्थियों की शिक्षा के लिए वैकल्पिक व्यवस्था नहीं हो सकी। सरकारी नौकरियों से त्यागपत्र देने का आंदोलन असफल रहा। इतना अवश्य हुआ कि सरकारी उपाधियों के प्रति आकर्षण बहुत कम हो गया।

इंग्लैंड के राजकुमार तथा उचूक ऑफ कनाट के आगमन का बहिष्कार करने की नीति से असहयोग आन्दोलन को काफी सफलता मिली थी। विदेशी कपड़े और शराब के प्रयोग के बहिष्कार की नीति भी सफल रही। नवंबर, 1921 ई. में प्रिंस ऑफ वेल्स के आगमन के बहिष्कार से भारत सरकार अत्यधिक प्रभावित हुई। उसने

कुछ सुविधाओं के बदले में असहयोग आंदोलन को वापस लेने का प्रस्ताव रखा लेकिन इसका कोई विशेष परिणाम नहीं निकला। अंग्रेजी सरकार ने अहिंसात्मक आंदोलनकर्त्ताओं पर विभिन्न प्रकार के अत्याचार किए। इनसे अहिंसात्मक नीति के संबंध में लोगों में विभिन्न प्रकार की भ्रांतियाँ पैदा हो गईं और एक प्रकार की उत्साहहीनता छा गई। 5 फरवरी, 1922 ई. को गोरखपुर जिले में 'चौरी चौरा' के स्थान पर पुलिस ने अहिंसात्मक प्रदर्शनकारियों पर गोली चलाई और जब उनकी गोलियाँ समाप्त हो गईं तब वे भागकर थाने में छिप गए। उत्तेजित प्रदर्शनकारियों ने थाने को आग लगा दी जिससे पुलिस के व्यक्ति और भवन जलकर राख हो गए। गांधीजी ने तुरंत असहयोग आंदोलन को स्थगित कर दिया। आंदोलन के स्थगित करने की तीव्र आलोचना हुई और गांधीजी कुछ समय के लिए अलोकप्रिय हो गए। अंग्रेजी सरकार ने भी इस अवसर से लाभ उठाकर गांधीजी को 10 मार्च, 1922 ई. को बंदी बना लिया और राजद्रोह फैलाने के अपराध में उन्हें 6 वर्ष की कैद की सजा दी गई।

असहयोग आंदोलन का योगदान : असहयोग आन्दोलन के शिथिल पड़ जाने से और सफलता न मिलने की वजह से इस आन्दोलन को स्थगित कर दिया गया। गांधीजी के कार्य की अधिकांश समकालीन राष्ट्रीय नेताओं ने आलोचना की। सी.आर. दास, मोतीलाल नेहरू, लाला लाजपत राय, सुभाषचन्द्र बोस आदि नेताओं ने बन्दी के रूप में होते हुए भी उस गतिविधि की घोर निन्दा की। इन लोगों का कहना था कि आंदोलन को सफलता के निकट पहुँचाकर स्थगित करना अनुचित था। सुभाषचन्द्र बोस स्थगित करने की घटना को राष्ट्रीय आपत्ति समझते थे। सामान्यतः यह समझा जाता है कि गांधीजी ने चौरी-चौरा में पुलिस के व्यक्तियों की हत्या के कारण आंदोलन स्थगित किया लेकिन गांधी जी का मूल्यांकन यह था कि असहयोग आंदोलन प्रायः छिन्न-भिन्न हो रहा था। लोगों का अहिंसात्मक संघर्ष की नीति में विश्वास डगमगा रहा था। अंग्रेजी अत्याचार की नीति के फलस्वरूप लोगों में मनोबल का अभाव, हीनता और दुर्बलता की भावना बढ़ी।

असहयोग आंदोलन अपने घोषित लक्ष्यों—खिलाफत के प्रति अंग्रेजी नीति में परिवर्तन, पंजाब के हत्याकांड के लिए अंग्रेज सरकार द्वारा उपचार, एक वर्ष में स्वराज्य प्राप्ति—में सफलता प्राप्त न कर सके, विधान सभाओं, न्यायालयों, विद्यालयों का बहिष्कार भी उतना अधिक सफल नहीं हुआ। रक्षात्मक कार्यक्रम में चर्खे का प्रयोग थोड़े ही दिन लोकप्रिय रहा। बाद में वह भी बहुत कम हो गया। लेकिन इस आधार पर आंदोलन को निष्फल कहना अनुचित है। इस आंदोलन की सफलताएँ

भी विभिन्न थीं। सामान्य जनता में अंग्रेजी प्रशासन की न्यायप्रियता में अविश्वास, राजनीतिक अधिकारों के लिए जागरूकता, अत्याचार से लोगों का दमन न कर पाना, उसकी कुछ उपलब्धियाँ थीं। अंग्रेज सरकार ने यह भी स्वीकार किया कि सामान्य जनता में राजनीतिक अधिकारों और अंग्रेजी भेदनीति के प्रति जागरूकता पैदा हो गई थी। लोगों में राष्ट्र-प्रेम और देश-प्रेम के प्रति बलिदान की भावना पहली बार व्यापक हुई। बाद में इस बलिदान की स्मृति लोगों को और अधिक त्याग करने के लिए प्रेरित करती रही। गांधीजी के इस आंदोलन के पश्चात ही कांग्रेस एक जन आंदोलन संचालित करने वाली संस्था का रूप ग्रहण कर सकी। इस प्रकार इंडियन नेशनल कांग्रेस का स्वरूप ही बदल गया। कुछ राजनैतिक सुविधाओं की माँग करने वाली संस्था अथवा विचार-विमर्श करने वाली संस्था के स्थान पर अब कांग्रेस एक संघर्ष करने वाली संस्था बन गई थी। यह क्रांतिकारी परिवर्तन था। अहिंसात्मक साधन अपनाने के परिणामस्वरूप यह खुले रूप में कार्य कर सकती थी और जन साधारण की सहानुभूति इसे उपलब्ध हो सकती थी। राष्ट्रीय आंदोलन को ये महात्मा गांधी की देन थी।

स्वराज्य दल का निर्माण

1922 ई. में असहयोग आंदोलन के स्थगित कर दिए जाने के बाद कांग्रेस की एक समिति ने अवज्ञा आन्दोलन की उम्मीदों को त्याग दिया। कांग्रेस का एक वर्ग यह अनुभव करता था कि 1919 ई. की सुधार योजना को विधान सभाओं में जाकर अव्यावहारिक तथा असफल सिद्ध किया जाए। लेकिन इस योजना से कांग्रेस का एक बड़ा वर्ग सहमत नहीं था। इसलिए 'कौंसिल प्रवेश' के समर्थन करने वालों ने एक पृथक दल, स्वराज्य पार्टी की स्थापना की। इस दल का नेतृत्व मोतीलाल नेहरू और चितरंजन दास ने किया। सितंबर, 1923 ई. में कांग्रेस ने दल के सदस्यों को आगामी निर्वाचन में मतदान और चुनाव लड़ने की स्वतंत्रता प्रदान करके स्वराज्य दल के गठन को स्वीकार कर लिया।

स्वराज्य गुट के नेताओं का मानना था कि असहयोग आंदोलन के स्थगित कर दिए जाने के बाद राष्ट्रीय कार्यकर्त्ताओं के समक्ष कोई अन्य कार्यक्रम नहीं था। साथ ही वे यह भी चाहते थे कि विधान सभाओं के अन्य सदस्यों के साथ मिलकर सरकारी अत्याचार नीति का विरोध किया जाए और कार्यक्रम के अभाव में हिंदू-मुस्लिम एकता के टूटने की संभावना को रोका जाए। स्वराज्य दल के सदस्य अपने आपको कांग्रेस का सदस्य कहते थे लेकिन उनका सविनय अवज्ञा आंदोलन की शक्ति व ताकत

पर खुद भरोसा नहीं था। वे नौकरशाही के दुर्ग को विधान सभाओं के भीतर प्रवेश करके तोड़ना चाहते थे। विधान सभाओं में जाकर ही वे रचनात्मक कार्यक्रम को क्रियान्वित करा सकते थे।

विधान सभा के निर्वाचनों में स्वराज्य गुट के नेताओं ने उदारवादियों को विभिन्न क्षेत्रों में पराजित किया। स्वराज्य दल को मध्य प्रदेश (सी.पी.) में बहुमत, बंगाल, यू.पी. तथा बंबई में प्रधानता मिली और केंद्रीय विधान सभा में 145 से में 48 स्थान प्राप्त हुए। केंद्रीय सभा में 24 सदस्य (इंडिपेंडेंट दल) मोहम्मद अली जिन्ना के नेतृत्व में थे। स्वराज्य और इंडिपेंडेंट दल के परस्पर सहयोग से सरकार पर काफी दबाव डाला जा सकता था।

स्वराज्य गुट के नेताओं को 1924-25 के बीच कुछ सफलता हाथ लगी। प्रत्येक वार्षिक बजट को अस्वीकृत करके अंग्रेज सरकार की नीतियों की अव्यावहारिकता स्पष्ट की। सितंबर, 1924 ई. में सरकार चाहती थी कि ली कमीशन (जो सरकारी सेवाओं में प्रजातीय उच्चता को बनाए रखना चाहता था) की रिपोर्ट स्वीकृत हो जाए। लेकिन स्वराज्य दल के सदस्यों ने उसे स्वीकृत नहीं होने दिया। इसी प्रकार द्वैध शासन व्यवस्था संबंधी जाँच कमेटी (मुडिमैन कमेटी) रिपोर्ट पर स्वराज्य दल ने बहुमत (सरकारी) पक्ष का समर्थन नहीं किया और द्वैध शासन को असफल सिद्ध किया। लेकिन फरवरी, 1925 ई. में जिन्ना और मोतीलाल नेहरू में आपसी समझौता समाप्त हो जाने से स्वराज्य दल का प्रभाव केंद्रीय विधान सभा में समाप्त हो गया। मार्च, 1926 ई. में आल इंडिया कांग्रेस कमेटी के आदेशानुसार स्वराज्य दल ने इंडियन लेजिस्लेटिव असेंबली का बहिष्कार कर दिया।

पंडित मोतीलाल नेहरू ने स्वराज्य दल का सरकार से असहयोग घोषित करते हुए कहा कि अंग्रेज सरकार ने भारतीय सहयोग का मूल्य नहीं समझा। बार-बार विरोध करने पर भी सरकार अपनी दमनकारी नीति पर डटी रही। इसलिए कौंसिल प्रवेश का कार्यक्रम स्थगित किया गया। स्वराज्य दल के कार्य का महत्त्व इस बात में है कि इसने अंग्रेजी सरकार के वास्तविक दमनकारी स्वरूप को जनता के समक्ष प्रस्तुत किया।

कांग्रेस का प्रभाव 1926-28 ई. के बीच काफी शिथिल परिलक्षित होने लगा। 1926 ई. के निर्वाचनों में स्वराज्य दल के सदस्यों की संख्या बहुत कम हो गई। कांग्रेस ने पहले ही सरकार के साथ बायकाट की नीति अपना रखी थी। राष्ट्रीय आंदोलन कुछ शिथिल सा हो रहा था कि इंग्लैंड सरकार द्वारा साइमन कमीशन की नियुक्ति की घोषणा से राष्ट्रीय राजनीति ने एक नया मोड़ लिया।

हिन्दुस्तान सोशलिस्ट रिपब्लिकन एसोसिएशन

हिन्दुस्तान सोशलिस्ट रिपब्लिकन एसोसिएशन भारतीय स्वतन्त्रता के लिए सशस्त्र संघर्ष के माध्यम से ब्रिटिश राज को समाप्त करने के उद्देश्य को लेकर गठित एक क्रान्तिकारी संगठन था। 1928 तक इसे हिन्दुस्तान रिपब्लिकन एसोसिएशन के रूप में जाना जाता था।

हिन्दुस्तान रिपब्लिकन एसोसिएशन की स्थापना अक्टूबर 1924 में भारतीय स्वतन्त्रता संग्राम के क्रान्तिकारी रामप्रसाद बिस्मिल, योगेश चन्द्र चटर्जी, चंद्रशेखर आजाद और शचींद्रनाथ सान्याल आदि ने कानपुर में की थी।। पार्टी का उद्देश्य सशस्त्र क्रान्ति को व्यवस्थित करके औपनिवेशिक शासन समाप्त करने और संघीय गणराज्य संयुक्त राज्य भारत की स्थापना करना था। काकोरी काण्ड के पश्चात् जब इस दल के चार क्रान्तिकारियों को फाँसी दे दी गयी तथा सोलह अन्य को कैद की सजायें देकर जेल में डाल दिया गया तब इसी दल के एक प्रमुख सदस्य चन्द्र शेखर आजाद ने भगत सिंह, विजय कुमार सिन्हा, कुन्दन लाल गुप्त, भगवती चरण वोहरा, जयदेव कपूर व शिव वर्मा आदि से सम्पर्क किया। इस नये दल के गठन में पंजाब, संयुक्त प्रान्त आगरा व अवध, राजपूताना, बिहार एवं उड़ीसा आदि अनेक प्रान्तों के क्रान्तिकारी शामिल थे। 8 व 9 सितम्बर 1928 को दिल्ली के फिरोज शाह कोटला मैदान में एक गुप्त बैठक करके भगत सिंह की भारत नौजवान सभा के सभी सदस्यों ने सभा का विलय हिन्दुस्तान रिपब्लिकन एसोसिएशन में किया और काफी विचार-विमर्श के बाद आम सहमति से एसोसिएशन को एक नया नाम दिया हिन्दुस्तान सोशलिस्ट रिपब्लिकन एसोसिएशन।

दल का उद्देश्य और विभाग–हिन्दुस्तान सोशलिस्ट रिपब्लिकन एसोसिएशन का उद्देश्य व अन्तिम लक्ष्य स्वाधीनता प्राप्त करना और समाजवादी राज्य की स्थापना था। दल की ओर से बम का दर्शन नाम से प्रकाशित एक लघु पुस्तिका में क्रान्तिकारी आन्दोलन की समस्या के बारे में अपने विचार खुलकर प्रकट किये गये थे।

दल के तीन विभाग रखे गये थे–संगठन, प्रचार और सामरिक संगठन विभाग। संगठन का दायित्व विजय कुमार सिन्हा, प्रचार का दायित्व भगत सिंह और सामरिक विभाग का दायित्व चन्द्र शेखर आजाद को सौंपा गया था।।

दल के प्रमुख कार्य–पहले दिसम्बर 1927 में राजेन्द्र लाहिड़ी, अशफाक उल्ला खाँ, राम प्रसाद बिस्मिल तथा रोशन सिंह चार को एक साथ फाँसी उसके बाद नवम्बर 1928 में लाला लाजपत राय की पुलिस के लाठी-प्रहार से हुई मृत्यु ने आग में घी का काम किया। इस दल ने एक माह के अन्दर ही साण्डर्स को दिन दहाड़े गोली

से भून कर लाला जी की मौत का बदला ले लिया। भगत सिंह, सुखदेव व राजगुरु तीनों फरार हो गये। इतने में ही सेण्ट्रल असेम्बली में पब्लिक सेफ्टी और ट्रेड डिस्प्यूट बिल पेश हुआ तो इन युवकों ने बहरी सरकार को अपना विरोध दर्ज कराने की गर्ज से संसद में ही बम विस्फोट कर दिया। गिरफ्तारियाँ हुईं और क्रान्तिकारियों पर लाहौर षडयन्त्र एवं असेम्बली बम काण्ड का मुकदमा चलाया गया। तीन को फाँसी की सजा से बचाने के लिये चन्द्रशेखर आजाद फरवरी 1931 में पण्डित जवाहरलाल नेहरू से इलाहाबाद में जाकर मिले भी परन्तु उसके कुछ ही घण्टे बाद अल्फ्रेड पार्क में शहीद हो गये। मार्च 1931 में सुखदेव, राजगुरु व भगत सिंह को लाहौर जेल में फाँसी दे दी गयी।।

साइमन कमीशन की नियुक्ति और एक नई चुनौती

इंग्लैंड प्रशासन ने 1919 में एक नियम लागू किया था कि 10 वर्ष तक कार्य कर लेने के पश्चात इंग्लैंड सरकार एक कमीशन द्वारा इस बात की जाँच करवाएगी कि अधिनियम में क्या-क्या परिवर्तन किए जाएँ। भारतीय नेता द्वैध शासन की योजना को मूल रूप में अपर्याप्त समझते थे और शीघ्र परिवर्तन चाहते थे। लेकिन इंग्लैंड सरकार ने इस ओर कोई ध्यान नहीं दिया। अचानक 8 नवंबर, 1927 ई. को इंग्लैंड के प्रधानमंत्री ने एक कमीशन की नियुक्ति की घोषणा की। ऐसा इसलिए किया गया था कि 1929 ई. में यह संभावना थी कि शायद इंग्लैंड में लेबर दल का मंत्रिमंडल बन जाए और उस समय भारत के लिए नियुक्त कमीशन भारतवासियों को अधिक अधिकार प्रदान कर सकता था। उस संभावना को रोकने के लिए कमीशन दो वर्ष पूर्व ही नियुक्त कर दिया गया। यह कमीशन सर जॉन साइमन की अध्यक्षता में नियुक्त किया गया। उनके अतिरिक्त 6 सदस्य और थे। वे सबके सब अंग्रेज थे तथा इंग्लैंड संसद के सदस्य थे। किसी भी भारतवासी को इस कमीशन का सदस्य नियुक्त नहीं किया गया। इससे बड़ा प्रजातीय विभेद और क्या हो सकता था? फलस्वरूप अधिकांश भारतीय राष्ट्रीय नेता इस कमीशन के बहिष्कार करने पर एकमत थे। इससे राष्ट्रीय गतिविधियों में आई हुई शिथिलता एकदम दूर हो गई।

साइमन कमीशन 3 फरवरी, 1928 को आया तथा देशव्यापी हड़ताल तथा काले झंडों और 'साइमन वापस जाओ' के नारों से उसका स्वागत किया गया। इस कमीशन की रिपोर्ट 7 जून, 1930 ई. को प्रकाशित हुई। उस समय तक राष्ट्रीय आंदोलन बहुत आगे बढ़ चुका था। इस रिपोर्ट में निम्नलिखित विशेषताएं सम्मिलित थी–

1. केंद्र में कोई उत्तरदायित्व भारतीयों को न दिया जाए।
2. भारतीय संविधान संघीय होना चाहिए।
3. प्रांतों को पूर्ण स्वायत्तता प्रदान की जाए तथा गर्वनर को पूर्ण अधिकार प्रदान किए जाए।
4. भारतीय विषयों पर विचार-विमर्श के लिए एक कौंसिल की स्थापना की जाए जिसमें भारतीय राज्यों तथा अंग्रेजी भारत के विभिन्न दलों के प्रतिनिधि हों।
5. प्रांतीय विधान सभाओं के सदस्यों की संख्या में वृद्धि कर दी जाए।
6. बर्मा को भारत से अलग कर दिया जाए और सिंध और उड़ीसा को भी अलग-अलग प्रांत बना दिया जाए।
7. भारत सचिव की कौंसिल के सदस्यों की संख्या और उनके अधिकारों में कमी कर दी जाए।
8. उच्च न्यायालयों को भारत सरकार के अधीन कर दिया जाए।

साइमन कमीशन ने इस रिपोर्ट के छपने से पहले यह कहा था कि रिपोर्ट पर बातचीत करने के लिए एक गोलमेज सभा का आयोजन किया जाये। नवंबर, 1930 ई. में यह गोलमेज सम्मेलन बुलाया गया। साइमन कमीशन की नियुक्ति विभिन्न भारतीय दलों के आपसी मतभेद समाप्त करने तथा राष्ट्रीय आंदोलन में एक नया जोश पैदा करने में सहायक हुई। इसकी सिफारिशें संवैधानिक विकास की दृष्टि से अधिक महत्त्वपूर्ण नहीं हैं।

साइमन कमीशन की नियुक्ति के साथ ही इंग्लैंड सरकार ने भारतीय नेताओं को यह चुनौती भी दी कि यदि वे विभिन्न संप्रदायों की सहमति से एक संविधान तैयार कर सकें तो इंग्लैंड सरकार उस पर सहानुभूतिपूर्ण विचार करने को तत्पर रहेगी। यह चुनौती 1925 ई. से दी जा रही थी। उस समय सरकार से असहयोग आन्दोलन नीति की काफी चर्चा हो रही थी जिसकी वजह से इस तरफ कोई विशेष कदम नहीं उठाया गया था। नवंबर, 1927 ई. में साइमन कमीशन की नियुक्ति के समय जब यह पुनः दोहराई गई तब भारतीय नेताओं ने इस बात का प्रयत्न किया कि एक सम्मिलित संविधान का प्रारूप तैयार किया जाए। इस प्रयत्न की कठिनाइयों को समझने के लिए मुसलमानों के 1927 ई. तक राजनीतिक चिंतन के विकास की व्याख्या आवश्यक है।

साइमन कमीशन की नियुक्ति ब्रिटिश प्रधानमंत्री ने सर जॉन साइमन के नेतृत्व में की थी। इस कमीशन में सात सदस्य थे, जो सभी ब्रिटेन की संसद के मनोनीत सदस्य थे। यही कारण था कि इसे श्वेत कमीशन कहा गया। साइमन

कमीशन की घोषणा 8 नवम्बर, 1927 ई. को की गई। कमीशन को इस बात की जाँच करनी थी कि क्या भारत इस लायक हो गया है कि यहाँ लोगों को संवैधानिक अधिकार दिये जाएँ। इस कमीशन में किसी भी भारतीय को शामिल नहीं किया गया, जिस कारण इसका बहुत ही तीव्र विरोध हुआ।

स्थापना

1919 ई. के भारत सरकार अधिनियम में यह व्यवस्था की गई थी, कि 10 वर्ष के उपरान्त एक ऐसा आयोग नियुक्त किया जायेगा, जो इस अधिनियम से हुई प्रगति की समीक्षा करेगा। भारतीय भी द्वैध शासन (प्रान्तों में) से ऊब चुके थे। वे इसमें परिवर्तन चाहते थे। अतः ब्रिटिश प्रधानमंत्री ने समय से पूर्व ही सर जॉन साइमन के नेतृत्व में 7 सदस्यों वाले आयोग की स्थापना की, जिसमें सभी सदस्य ब्रिटेन की संसद के सदस्य थे।

विरोध

साइमन कमीशन के सभी सदस्य अंग्रेज होने के कारण कांग्रेसियों ने इसे श्वेत कमीशन कहा। 8 नवम्बर, 1927 को इस आयोग की स्थापना की घोषणा हुई। इस आयोग का कार्य इस बात की सिफारिश करना था कि, क्या भारत इस योग्य हो गया है कि, यहाँ के लोगों को और संवैधानिक अधिकार दिये जाएँ और यदि दिये जाएँ तो उसका स्वरूप क्या हो? इस आयोग में किसी भी भारतीय को शामिल नहीं किया गया, जिसके कारण भारत में इस आयोग का तीव्र विरोध हुआ। साइमन कमीशन के विरोध के दूसरे कारण की व्याख्या करते हुए 1927 ई. के मद्रास कांग्रेस के अधिवेशन के अध्यक्ष श्री एम.एन. अंसारी ने कहा कि भारतीय जनता का यह अधिकार है कि वह सभी सम्बद्ध गुटों का एक गोलमेज सम्मेलन या संसद का सम्मेलन बुला करके अपने संविधान का निर्णय कर सके। साइमन आयोग की नियुक्ति द्वारा निश्चय ही उस दावे को नकार दिया गया है।

बहिष्कार का निर्णय

कांग्रेस के 1927 के मद्रास अधिवेशन में साइमन आयोग के पूर्ण बहिष्कार का निर्णय लिया गया। इस कमीशन से भारतीयों का आत्म-सम्मान भी आहत हुआ, जिससे तेज बहादुर सप्रू बहुत प्रभावित हुए। 3 फरवरी, 1928 ई. को जब आयोग के सदस्य

बम्बई (वर्तमान मुम्बई) पहुँचे तो इसके खिलाफ एक अभूतपूर्व हड़ताल का आयोजन किया गया। काले झण्डे एवं साइमन वापस जाओ के नारे लगाये गए।

लाठी प्रहार

आयोग के विरोध के कारण लखनऊ में जवाहर लाल नेहरू, गोविन्द बल्लभ पंत आदि ने लाठियाँ खाईं। लाहौर में लाठी की गहरी चोट के कारण लाला लाजपत राय की 1928 ई. में मृत्यु हो गई। मरने से पहले लाला लाजपत राय का यह कथन ऐतिहासिक सिद्ध हुआ कि मेरे ऊपर जो लाठियों के प्रहार किये गए हैं, वही एक दिन ब्रिटिश साम्राज्य के ताबूत (शवपेटी) की आखिरी कील साबित होगा। भारतीय राष्ट्रीय कांग्रेस के अतिरिक्त अन्य दलों ने भी साइमन कमीशन का विरोध किया। मद्रास की जस्टिस पार्टी और पंजाब की यूनियनिस्ट पार्टी तथा मुस्लिम लीग के शफी गुट को छोड़कर लगभग सभी प्रतिष्ठित राजनीतिक दलों ने कमीशन का बहिष्कार किया।

सिफारिशें

साइमन कमीशन ने 27 मई, 1930 ई. को अपनी रिपोर्ट प्रकाशित की, जिसकी सिफारिशें इस प्रकार हैं–

1. 1919 ई. के भारत सरकार अधिनियम के तहत लागू की गई द्वैध शासन व्यवस्था को समाप्त कर उत्तरदायी शासन की स्थापना हो।
2. भारत के लिए संघीय संविधान होना चाहिए।
3. केन्द्र में भारतीयों के लिए संघीय संविधान होना चाहिए।
4. केन्द्र में कोई भी उत्तरदायित्व न प्रदान किया जाए।
5. उच्च न्यायालय को भारत सरकार के नियंत्रण में कर दिया जाए।
6. बर्मा (वर्तमान म्यांमार) को भारत से विलग किया जाए तथा उड़ीसा एवं सिंध को अलग प्रदेश का दर्जा दिया जाए।
7. प्रान्तीय विधानमण्डलों में सदस्यों की संख्या को बढ़ाया जाए।
8. गवर्नर व गवर्नर-जनरल अल्पसंख्यक जातियों के हितों के प्रति विशेष ध्यान रखें।

प्रत्येक 10 वर्ष बाद पुनरीक्षण के लिए एक संविधान आयोग की नियुक्ति की व्यवस्था को समाप्त कर दिया जाए तथा भारत के लिए एक ऐसा लचीला संविधान बनाया जाए जो स्वयं से विकसित हो।

आलोचना

साइमन कमीशन की नियुक्ति से भारतीयों दलों में व्याप्त आपसी फूट एवं मतभेद की स्थिति से उबरने एवं राष्ट्रीय आन्दोलन को उत्साहित करने में सहयोग मिला। यद्यपि इस आयोग की भारत में कड़ी आलोचना की गई, फिर भी उसकी अनेक बातों को 1935 ई. के भारत सरकार अधिनियम में स्वीकार किया गया। सर शिवस्वामी अय्यर ने आयोग की सिफारिशों को रद्दी की टोकरी में फेंकने के लायक बताया।

काकोरी काण्ड

काकोरी काण्ड भारतीय स्वतंत्रता संग्राम के क्रान्तिकारियों द्वारा ब्रिटिश राज के विरुद्ध भयंकर युद्ध छेड़ने की खतरनाक मंशा से हथियार खरीदने के लिये ब्रिटिश सरकार का ही खजाना लूट लेने की एक ऐतिहासिक घटना थी, जो 9 अगस्त 1925 को घटी। इस ट्रेन डकैती में जर्मनी के बने चार माउजर पिस्तौल काम में लाये गये थे। इन पिस्तौलों की विशेषता यह थी कि इनमें बट के पीछे लकड़ी का बना एक और कुन्दा लगाकर रायफल की तरह उपयोग किया जा सकता था। हिन्दुस्तान रिपब्लिकन एसोसिएशन के केवल दस सदस्यों ने इस पूरी घटना को अंजाम दिया था।

क्रान्तिकारियों द्वारा चलाए जा रहे आजादी के आन्दोलन को गति देने के लिये धन की तत्काल व्यवस्था की जरूरत के मद्देनजर शाहजहाँपुर में हुई बैठक के दौरान राम प्रसाद बिस्मिल ने अंग्रेजी सरकार का खजाना लूटने की योजना बनायी थी। इस योजनानुसार दल के ही एक प्रमुख सदस्य राजेन्द्रनाथ लाहिड़ी ने 9 अगस्त 1925 को लखनऊ जिले के काकोरी रेलवे स्टेशन से छूटी आठ डाउन सहारनपुर-लखनऊ पैसेन्जर ट्रेन को चेन खींच कर रोका और क्रान्तिकारी पण्डित राम प्रसाद बिस्मिल के नेतृत्व में अशफाक उल्ला खाँ, पण्डित चन्द्रशेखर आजाद व 6 अन्य सहयोगियों की मदद से समूची ट्रेन पर धावा बोलते हुए सरकारी खजाना लूट लिया। बाद में अंग्रेजी हुकूमत ने उनकी पार्टी हिन्दुस्तान रिपब्लिकन एसोसिएशन के कुल 40 क्रान्तिकारियों पर सम्राट के विरुद्ध सशस्त्र युद्ध छेड़ने, सरकारी खजाना लूटने व मुसाफिरों की हत्या करने का मुकदमा चलाया जिसमें राजेन्द्रनाथ लाहिड़ी, पण्डित राम प्रसाद बिस्मिल, अशफाक उल्ला खाँ तथा ठाकुर रोशन सिंह को मृत्यु-दण्ड (फाँसी की सजा) सुनायी गयी। इस

मुकदमें में 16 अन्य क्रान्तिकारियों को कम-से-कम 4 वर्ष की सजा से लेकर अधिकतम काला पानी (आजीवन कारावास) तक का दण्ड दिया गया था।

काकोरी काण्ड से पूर्व का परिदृश्य

हिन्दुस्तान प्रजातन्त्र संघ की ओर से प्रकाशित इश्तहार और उसके संविधान को लेकर बंगाल पहुँचे दल के दोनों नेता-शचीन्द्रनाथ सान्याल बाँकुरा में उस समय गिरफ्तार कर लिये गये जब वे यह इश्तहार अपने किसी साथी को पोस्ट करने जा रहे थे। इसी प्रकार योगेशचन्द्र चटर्जी कानपुर से पार्टी की मीटिंग करके जैसे ही हावड़ा स्टेशन पर ट्रेन से उतरे कि एच.आर.ए. के संविधान की ढेर सारी प्रतियों के साथ पकड़ लिये गये और उन्हें हजारीबाग जेल में बन्द कर दिया गया।

सरकारी खजाना लूटने का निर्णय

दोनों प्रमुख नेताओं के गिरफ्तार हो जाने से राम प्रसाद बिस्मिल के कन्धों पर उत्तर प्रदेश के साथ-साथ बंगाल के क्रान्तिकारी सदस्यों का उत्तरदायित्व भी आ गया। बिस्मिल का स्वभाव था कि वे या तो किसी काम को हाथ में लेते न थे और यदि एक बार काम हाथ में ले लिया तो उसे पूरा किये बगैर छोड़ते न थे। पार्टी के कार्य हेतु धन की आवश्यकता पहले भी थी किन्तु अब तो वह आवश्यकता और भी अधिक बढ गयी थी। कहीं से भी धन प्राप्त होता न देख उन्होंने 7 मार्च 1925 को बिचपुरी तथा 24 मई 1925 को द्वारकापुर में दो राजनीतिक डकैतियाँ डालीं तो परन्तु उनमें कुछ विशेष धन उन्हें प्राप्त न हो सका।

इन दोनों डकैतियों में एक-एक व्यक्ति मौके पर ही मारा गया। इससे बिस्मिल की आत्मा को अत्यधिक कष्ट हुआ। आखिरकार उन्होंने यह पक्का निश्चय कर लिया कि वे अब केवल सरकारी खजाना ही लूटेंगे, हिन्दुस्तान के किसी भी रईस के घर डकैती बिल्कुल न डालेंगे।

ऐतिहासिक रेल डकैती

8 अगस्त को राम प्रसाद बिस्मिल के घर पर हुई एक इमर्जेन्सी मीटिंग में निर्णय लेकर योजना बनी और अगले ही दिन 9 अगस्त 1925 को शाहजहाँपुर शहर के रेलवे स्टेशन से बिस्मिल के नेतृत्व में कुल 10 लोग, जिनमें शाहजहाँपुर से बिस्मिल के अतिरिक्त अशफाक उल्ला खाँ, मुरारी शर्मा तथा बनवारी लाल, बंगाल से राजेन्द्र लाहिड़ी, शचीन्द्रनाथ बख्शी तथा केशव चक्रवर्ती (छद्मनाम), बनारस से

चन्द्रशेखर आजाद तथा मन्मथनाथ गुप्त एवं औरैया से अकेले मुकुन्दी लाल शामिल थे। 8 डाउन सहारनपुर-लखनऊ पैसेंजर रेलगाड़ी में सवार हुए।

जर्मनी के माउजरों का प्रयोग

इन क्रान्तिकारियों के पास पिस्तौलों के अतिरिक्त जर्मनी के बने चार माउजर भी थे जिनके बट में कुन्दा लगा लेने से वह छोटी ऑटोमेटिक रायफल की तरह लगता था और सामने वाले के मन में भय पैदा कर देता था। इन माउजरों की मारक क्षमता भी अधिक होती थी उन दिनों ये माउजर आज की ए.के.-47 रायफल की तरह चर्चित हुआ करते थे। लखनऊ से पहले काकोरी रेलवे स्टेशन पर रुक कर जैसे ही गाड़ी आगे बढी, क्रान्तिकारियों ने चेन खींचकर उसे रोक लिया और गार्ड के डिब्बे से सरकारी खजाने का बक्सा नीचे गिरा दिया। पहले तो उसे खोलने की कोशिश की गयी किन्तु जब वह नहीं खुला तो अशफाक उल्ला खाँ ने अपना माउजर मन्मथनाथ गुप्त को पकड़ा दिया और हथौड़ा लेकर बक्सा तोड़ने में जुट गए।

असावधानी से दुर्घटना

मन्मथनाथ गुप्त ने उत्सुकतावश माउजर का ट्रैगर दबा दिया जिससे छूटी गोली अहमद अली नाम के मुसाफिर को लग गयी। वह मौके पर ही ढेर हो गया। शीघ्रतावश चाँदी के सिक्कों व नोटों से भरे चमड़े के थैले चादरों में बाँधकर वहाँ से भागने में एक चादर वहीं छूट गई। अगले दिन अखबारों के माध्यम से यह खबर पूरे संसार में फैल गयी। ब्रिटिश सरकार ने इस ट्रेन डकैती को गम्भीरता से लिया और सी.आई.डी. इंस्पेक्टर तसद्दुक हुसैन के नेतृत्व में स्कॉटलैण्ड की सबसे तेज तर्रार पुलिस को इसकी जाँच का काम सौंप दिया।

गिरफ्तारी और मुकदमा

खुफिया प्रमुख खान बहादुर तसद्दुक हुसैन ने पूरी छानबीन और तहकीकात करके बरतानिया सरकार को जैसे ही इस बात की पुष्टि की कि काकोरी ट्रेन डकैती क्रान्तिकारियों का एक सुनियोजित षडयन्त्र है, पुलिस ने काकोरी काण्ड के सम्बन्ध में जानकारी देने व षडयन्त्र में शामिल किसी भी व्यक्ति को गिरफ्तार करवाने के लिये इनाम की घोषणा के साथ इश्तिहार सभी प्रमुख स्थानों पर लगा दिये जिसका परिणाम यह हुआ कि पुलिस को घटनास्थल पर मिली चादर में लगे धोबी के निशान से इस बात का पता चल गया कि चादर शाहजहाँपुर के किसी व्यक्ति की है।

शाहजहाँपुर के धोबियों से पूछने पर मालूम हुआ कि चादर बनारसीलाल की है। बिस्मिल के साझीदार बनारसीलाल से मिलकर पुलिस ने इस डकैती का सारा भेद प्राप्त कर लिया। पुलिस को उससे यह भी पता चल गया कि 9 अगस्त 1925 को शाहजहाँपुर से राम प्रसाद बिस्मिल की पार्टी के कौन-कौन लोग शहर से बाहर गये थे और वे कब-कब वापस आये? जब खुफिया तौर से इस बात की पूरी पुष्टि हो गई कि राम प्रसाद बिस्मिल, जो हिन्दुस्तान प्रजातन्त्र संघ (एच.आर.ए.) का लीडर था, उस दिन शहर में नहीं था तो 26 सितम्बर 1925 की रात में बिस्मिल के साथ समूचे हिन्दुस्तान से 40 लोगों को गिरफ्तार कर लिया गया।

गिरफ्तार व्यक्ति

इस ऐतिहासिक मामले में 40 व्यक्तियों को भारत भर से गिरफ्तार किया गया था। गिरफ्तारी के स्थान के साथ उनके नाम इस प्रकार हैं–

आगरा से

1. चन्द्रधर जौहरी
2. चन्द्रभाल जौहरी

इलाहाबाद से

3. शीतला सहाय
4. ज्योतिशंकर दीक्षित
5. भूपेंद्रनाथ सान्याल

उरई से

6. वीरभद्र तिवारी

बनारस से

7. मन्मथनाथ गुप्त
8. दामोदरस्वरूप सेठ
9. रामनाथ पाण्डे
10. देवदत्त भट्टाचार्य
11. इन्द्रविक्रम सिंह
12. मुकुन्दी लाल

बंगाल से

13. शचीन्द्रनाथ सान्याल
14. योगेशचन्द्र चटर्जी
15. राजेन्द्रनाथ लाहिड़ी
16. शरतचन्द्र गुहा
17. कालिदास बोस

एटा से

18. बाबूराम वर्मा

हरदोई से

19. भैरों सिंह

जबलपुर से

20. प्रणवेशकुमार चटर्जी

कानपुर से

21. रामदुलारे त्रिवेदी
22. गोपी मोहन
23. राजकुमार सिन्हा
24. सुरेशचन्द्र भट्टाचार्य

लाहौर से

25. मोहनलाल गौतम
26. लखीमपुर से
27. हरनाम सुन्दरलाल

लखनऊ से

28. गोविंदचरण कार
29. शचीन्द्रनाथ विश्वास

मथुरा से

30. शिवचरण लाल शर्मा

मेरठ से

31. विष्णुशरण दुब्लिश

पूना से

32. रामकृष्ण खत्री
33. रायबरेली से
34. बनवारी लाल
35. शाहजहाँपुर से
36. रामप्रसाद बिस्मिल
37. बनारसी लाल
38. लाला हरगोविन्द
39. प्रेमकृष्ण खन्ना
40. इन्दुभूषण मित्र
41. ठाकुर रोशन सिंह
42. रामदत्त शुक्ला
43. मदनलाल
44. रामरत्न शुक्ला

बाद में गिरफ्तार

फरार क्रान्तिकारियों में से दो को पुलिस ने बाद में गिरफ्तार किया था। उनके नाम व स्थान निम्न हैं–

दिल्ली से

- अशफाक उल्ला खाँ

भागलपुर से

- शचीन्द्रनाथ बख्शी

उपरोक्त 40 व्यक्तियों में से तीन लोग शचीन्द्रनाथ सान्याल बाँकुरा में, योगेशचन्द्र चटर्जी हावड़ा में तथा राजेन्द्रनाथ लाहिड़ी दक्षिणेश्वर बम विस्फोट मामले में कलकत्ता से पहले ही गिरफ्तार हो चुके थे और दो लोग अशफाक उल्ला खाँ और शचीन्द्रनाथ बख्शी को तब गिरफ्तार किया गया जब मुख्य काकोरी

षडयन्त्र केस का फैसला हो चुका था। इन दोनों पर अलग से पूरक मुकदमा दायर किया गया।

दस में से पाँच फरार

काकोरी-काण्ड में केवल 10 लोग ही वास्तविक रूप से शामिल हुए थे, पुलिस की ओर से उन सभी को भी इस केस में नामजद किया गया। इन 10 लोगों में से पाँच-चन्द्रशेखर आजाद, मुरारी शर्मा, केशव चक्रवर्ती (छद्‌मनाम), अशफाक उल्ला खाँ व शचीन्द्रनाथ बख्शी को छोड़कर, जो उस समय तक पुलिस के हाथ नहीं आये, शेष सभी व्यक्तियों पर सरकार बनाम राम प्रसाद बिस्मिल व अन्य के नाम से ऐतिहासिक मुकदमा चला और उन्हें 5 वर्ष की कैद से लेकर फाँसी तक की सजा हुई। फरार अभियुक्तों के अतिरिक्त जिन-जिन क्रान्तिकारियों को एच. आर. ए. का सक्रिय कार्यकर्ता होने के सन्देह में गिरफ्तार किया गया था उनमें से 16 को साक्ष्य न मिलने के कारण रिहा कर दिया गया। स्पेशल मजिस्ट्रेट ऐनुद्दीन ने प्रत्येक क्रान्तिकारी की छवि खराब करने में कोई कसर बाकी नहीं रखी और केस को सेशन कोर्ट में भेजने से पहले ही इस बात के पक्के सबूत व गवाह एकत्र कर लिये थे ताकि बाद में यदि अभियुक्तों की तरफ से कोई अपील भी की जाये तो इनमें से एक भी बिना सजा के छूटने न पाये।

लखनऊ जेल में काकोरी षडयन्त्र के सभी अभियुक्त कैद थे। केस चल रहा था इसी दौरान बसन्त पंचमी का त्यौहार आ गया। सब क्रान्तिकारियों ने मिलकर तय किया कि कल बसन्त पंचमी के दिन हम सभी सर पर पीली टोपी और हाथ में पीला रूमाल लेकर कोर्ट चलेंगे। उन्होंने अपने नेता राम प्रसाद बिस्मिल से कहा-पण्डित जी! कल के लिये कोई फड़कती हुई कविता लिखिये, उसे हम सब मिलकर गायेंगे। अगले दिन कविता तैयार थी।

मेरा रंग दे बसन्ती चोला....
हो मेरा रंग दे बसन्ती चोला....
इसी रंग में रंग के शिवा ने माँ का बन्धन खोला,
यही रंग हल्दीघाटी में था प्रताप ने घोला,
नव बसन्त में भारत के हित वीरों का यह टोला,
किस मस्ती से पहन के निकला यह बसन्ती चोला।
मेरा रंग दे बसन्ती चोला....
हो मेरा रंग दे बसन्ती चोला....

रंग दे बसन्ती में भगत सिंह का योगदान

अमर शहीद भगत सिंह जिन दिनों लाहौर जेल में बन्द थे तो उन्होंने इस गीत में ये पंक्तियाँ और जोड़ी थीं–

इसी रंग में बिस्मिल जी ने वन्दे-मातरम् बोला,
यही रंग अशफाक को भाया उनका दिल भी डोला,
इसी रंग को हम मस्तों ने, हम मस्तों ने,
दूर फिरंगी को करने को, को करने को,
लहू में अपने घोला।
मेरा रंग दे बसन्ती चोला....
हो मेरा रंग दे बसन्ती चोला....
माय! रंग दे बसन्ती चोला....
हो माय! रंग दे बसन्ती चोला....
मेरा रंग दे बसन्ती चोला....

राम प्रसाद बिस्मिल की यह गजल क्रान्तिकारी जेल से पुलिस की लॉरी में अदालत जाते हुए, अदालत में मजिस्ट्रेट को चिढ़ाते हुए व अदालत से लौटकर वापस जेल आते हुए कोरस के रूप में गाया करते थे। बिस्मिल के बलिदान के बाद तो यह रचना सभी क्रान्तिकारियों का मन्त्र बन गयी। जितनी रचना यहाँ दी जा रही है वे लोग उतनी ही गाते थे।

सरफरोशी की तमन्ना अब हमारे दिल में है,
देखना है जोर कितना बाजुए-कातिल में है!

वक्त् आने दे बता देंगे तुझे ऐ आसमाँ!
हम अभी से क्या बताएँ क्या हमारे दिल में है!

खींच कर लाई है हमको कत्ल होने की उम्म्मीद,
आशिकों का आज जमघट कूच-ए-कातिल में है!

ऐ शहीदे-मुल्को-मिल्लत हम तेरे ऊपर निसार,
अब तेरी हिम्मत का चर्चा गैर की महफिल में है!

अब न अगले बल्वले हैं और न अरमानों की भीड़,
सिर्फ मिट जाने की हसरत अब दिले-बिस्मिल में है!

पूरक मुकदमा और अपील

पाँच फरार क्रान्तिकारियों में अशफाक उल्ला खाँ को दिल्ली और शचीन्द्र नाथ बख्शी को भागलपुर से पुलिस ने उस समय गिरफ्तार किया जब काकोरी-काण्ड के

मुख्य मुकदमे का फैसला सुनाया जा चुका था। स्पेशल जज जे. आर. डब्लू. बैनेट की अदालत में काकोरी षड्यन्त्र का पूरक मुकदमा दर्ज हुआ और 13 जुलाई 1927 को इन दोनों पर भी सरकार के विरुद्ध साजिश रचने का संगीन आरोप लगाते हुए अशफाक उल्ला खाँ को फाँसी तथा शचीन्द्रनाथ बख्शी को आजीवन कारावास की सजा सुना दी गयी।

सरकारी वकील लेने से इनकार

सेशन जज के फैसले के खिलाफ 18 जुलाई 1927 को अवध चीफ कोर्ट में अपील दायर की गयी। चीफ कोर्ट के मुख्य न्यायाधीश सर लुइस शर्ट और विशेष न्यायाधीश मोहम्मद रजा के सामने दोनों मामले पेश हुए। जगतनारायण मुल्ला को सरकारी पक्ष रखने का काम सौंपा गया जबकि सजायाफ्ता क्रान्तिकारियों की ओर से के.सी. दत्त, जयकरणनाथ मिश्र व कृपाशंकर हजेला ने क्रमशः राजेन्द्रनाथ लाहिड़ी, ठाकुर रोशन सिंह व अशफाक उल्ला खाँ की पैरवी की। राम प्रसाद बिस्मिल ने अपनी पैरवी खुद की क्योंकि सरकारी खर्चे पर उन्हें लक्ष्मीशंकर मिश्र नाम का एक बड़ा साधारण-सा वकील दिया गया था जिसको लेने से उन्होंने साफ मना कर दिया।

सफाई की जोरदार बहस

बिस्मिल ने चीफ कोर्ट के सामने जब धाराप्रवाह अंग्रेजी में फैसले के खिलाफ बहस की तो सरकारी वकील जगतनारायण मुल्ला जी बगलें झाँकते नजर आये। इस पर चीफ जस्टिस लुइस शर्टस् को बिस्मिल से अंग्रेजी में यह पूछना पड़ा—मिस्टर रामप्रसाड! फ्रॉम भिच यूनीवर्सिटी यू हैव टेकेन द डिग्री ऑफ लॉ? (राम प्रसाद! तुमने किस विश्वविद्यालय से कानून की डिग्री ली ?) इस पर बिस्मिल ने हँस कर चीफ जस्टिस को उत्तर दिया था—एक्सक्यूज मी सर! ए किंग मेकर डजन्ट रिक्वायर ऐनी डिग्री। (क्षमा करें महोदय! सम्राट बनाने वाले को किसी डिग्री की आवश्यकता नहीं होती।)

मुल्ला जी की किरकिरी

काकोरी काण्ड का मुकदमा लखनऊ में चल रहा था। पण्डित जगतनारायण मुल्ला सरकारी वकील के साथ उर्दू के शायर भी थे। उन्होंने अभियुक्तों के लिए मुल्जिमान की जगह मुलाजिम शब्द बोल दिया। फिर क्या था पण्डित राम प्रसाद बिस्मिल ने तपाक से उन पर ये चुटीली फब्ती कसी-मुलाजिम हमको मत

कहिये, बड़ा अफसोस होता है। अदालत के अदब से हम यहाँ तशरीफ लाए हैं। पलट देते हैं हम मौजे-हवादिस अपनी जुर्रत सेय कि हमने आँधियों में भी चिराग अक्सर जलाये हैं। उनके कहने का मतलब स्पष्ट था कि मुलाजिम वे (बिस्मिल) नहीं, मुल्ला जी हैं जो सरकार से तनख्वाह पाते हैं। वे (बिस्मिल आदि) तो राजनीतिक बन्दी हैं अतः उनके साथ तमीज से पेश आयें। साथ ही यह ताकीद भी की कि वे समुद्र तक की लहरें अपने दुस्साहस से पलटने का दम रखते हैं। मुकदमे की बाजी पलटना कौन चीज? इतना बोलने के बाद किसकी हिम्मत थी जो उनके आगे ठहरता। मुल्ला जी को पसीने छूट गये और उन्होंने कन्नी काटने में ही भलाई समझी। वे चुपचाप पिछले दरवाजे से खिसक लिये। फिर उस दिन उन्होंने कोई जिरह की ही नहीं। ऐसे हाजिरजबाब थे बिस्मिल!

बिस्मिल की बहस से सनसनी

बिस्मिल द्वारा की गयी सफाई की बहस से सरकारी तबके में सनसनी फैल गयी। मुल्ला जी ने सरकारी वकील की हैसियत से पैरवी करने में आनाकानी की। अतएव अदालत ने बिस्मिल की 18 जुलाई 1927 को दी गयी स्वयं वकालत करने की अर्जी खारिज कर दी। उसके बाद उन्होंने 76 पृष्ठ की तर्कपूर्ण लिखित बहस पेश की जिसे देखकर जजों ने यह शंका व्यक्त की कि यह बहस बिस्मिल ने स्वयं न लिखकर किसी विधिवेत्ता से लिखवायी है। अन्ततोगत्वा उन्हीं लक्ष्मीशंकर मिश्र को बहस करने की इजाजत दी गयी जिन्हें लेने से बिस्मिल ने मना कर दिया था। यह भी अदालत और सरकारी वकील जगतनारायण मुल्ला की मिली भगत से किया गया। क्योंकि अगर बिस्मिल को पूरा मुकदमा खुद लड़ने की छूट दी जाती तो सरकार निश्चित रूप से मुकदमा हार जाती।

काकोरी काण्ड का अन्तिम निर्णय

22 अगस्त 1927 को जो फैसला सुनाया गया उसके अनुसार राम प्रसाद बिस्मिल, राजेन्द्रनाथ लाहिड़ी व अशफाक उल्ला खाँ को आई.पी.सी. की दफा 121(ए) व 120(बी) के अन्तर्गत आजीवन कारावास तथा 302 व 396 के अनुसार फाँसी एवं ठाकुर रोशन सिंह को पहली दो दफाओं में 5़5 कुल 10 वर्ष की कड़ी कैद तथा अगली दो दफाओं के अनुसार फाँसी का हुक्म हुआ। शचीन्द्रनाथ सान्याल, जब जेल में थे तभी लिखित रूप से अपने किये पर पश्चाताप प्रकट करते हुए भविष्य

में किसी भी क्रान्तिकारी कार्रवाई में हिस्सा न लेने का वचन दे चुके थे जिसके आधार पर उनकी उम्र-कैद बरकरार रही। उनके छोटे भाई भूपेन्द्रनाथ सान्याल व बनवारी लाल ने अपना-अपना जुर्म कबूल करते हुए कोर्ट की कोई भी सजा भुगतने की अण्डरटेकिंग पहले ही दे रखी थी इसलिये उन्होंने अपील नहीं की और दोनों को 5-5 वर्ष की सजा के आदेश यथावत रहे। चीफ कोर्ट में अपील करने के बावजूद योगेशचन्द्र चटर्जी, मुकुन्दी लाल व गोविन्दचरण कार की सजायें 10-10 वर्ष से बढाकर उम्र-कैद में बदल दी गयीं। सुरेशचन्द्र भट्टाचार्य व विष्णुशरण दुब्लिश की सजायें भी 7 वर्ष से बढ़ाकर 10 वर्ष कर दी गयी। रामकृष्ण खत्री को भी 10 वर्ष के कठोर कारावास की सजा बरकरार रही। खूबसूरत हैण्डराइटिंग में लिखकर अपील देने के कारण केवल प्रणवेश चटर्जी की सजा को 5 वर्ष से घटाकर 4 वर्ष कर दिया गया। इस काण्ड में सबसे कम सजा (3 वर्ष) रामनाथ पाण्डेय को हुई। मन्मथनाथ गुप्त, जिनकी गोली से मुसाफिर मारा गया, की सजा बढाकर 14 वर्ष कर दी गयी। एक अन्य अभियुक्त राम दुलारे त्रिवेदी को इस मुकदमें में पाँच वर्ष के कठोर कारावास की सजा दी गयी।

क्षमादान के प्रयास

अवध चीफ कोर्ट का फैसला आते ही यह खबर दावानल की तरह समूचे हिन्दुस्तान में फैल गयी। ठाकुर मनजीत सिंह राठौर ने सेण्ट्रल लेजिस्लेटिव कौन्सिल में काकोरी काण्ड के चारों मृत्यु-दण्ड प्राप्त कैदियों की सजायें कम करके आजीवन कारावास (उम्र-कैद) में बदलने का प्रस्ताव पेश किया। कौन्सिल के कई सदस्यों ने सर विलियम मोरिस को, जो उस समय संयुक्त प्रान्त के गवर्नर हुआ करते थे, इस आशय का एक प्रार्थना-पत्र भी दिया कि इन चारों की सजाये-मौत माफ कर दी जाये परन्तु उसने उस प्रार्थना को अस्वीकार कर दिया। सेण्ट्रल कौन्सिल के 78 सदस्यों ने तत्कालीन वायसराय व गवर्नर जनरल एडवर्ड फ्रेडरिक लिण्डले वुड को शिमला जाकर हस्ताक्षर युक्त मेमोरियल दिया जिस पर प्रमुख रूप से पं. मदन मोहन मालवीय, मोहम्मद अली जिन्ना, एन. सी. केलकर, लाला लाजपत राय, गोविन्द वल्लभ पन्त आदि ने अपने हस्ताक्षर किये थे किन्तु वायसराय पर उसका भी कोई असर न हुआ।

मालवीय जी के प्रयास विफल

इसके बाद मदनमोहन मालवीय के नेतृत्व में पाँच व्यक्तियों का एक प्रतिनिधि मण्डल शिमला जाकर वायसराय से दोबारा मिला और उनसे यह प्रार्थना की कि चूँकि

इन चारों अभियुक्तों ने लिखित रूप में सरकार को यह वचन दे दिया है कि वे भविष्य में इस प्रकार की किसी भी गतिविधि में हिस्सा न लेंगे और उन्होंने अपने किये पर पश्चाताप भी प्रकट किया है अतः उच्च न्यायालय के निर्णय पर पुनर्विचार किया जा सकता है किन्तु वायसराय ने उन्हें साफ मना कर दिया।

प्रिवी कौन्सिल में भी अपील खारिज

अन्ततः बैरिस्टर मोहनलाल सक्सेना ने प्रिवी कौन्सिल में क्षमादान की याचिका के दस्तावेज तैयार करके इंग्लैण्ड के विख्यात वकील एस. एल. पोलक के पास भिजवाये किन्तु लन्दन के न्यायाधीशों व सम्राट के वैधानिक सलाहकारों ने उस पर यही दलील दी कि इस षडयन्त्र का सूत्रधार राम प्रसाद बिस्मिल बड़ा ही खतरनाक और पेशेवर अपराधी है उसे यदि क्षमादान दिया गया तो वह भविष्य में इससे भी बड़ा और भयंकर काण्ड कर सकता है। उस स्थिति में बरतानिया सरकार को हिन्दुस्तान में हुकूमत करना असम्भव हो जायेगा। आखिरकार नतीजा यह हुआ कि प्रिवी कौन्सिल में भेजी गयी क्षमादान की अपील भी खारिज हो गयी।

उपसंहार

देश में कम ही लोग होंगे जिन्हें काकोरी काण्ड के शहीदों के नाम याद हों। भगत सिंह और चन्द्रशेखर आजाद के नाम से तो लगभग सभी परिचित होंगे लेकिन कई ऐसे क्रांतिकारी रहे जिन्होंने देश की आजादी में महत्वपूर्ण भूमिका अदा की और आजादी के लिए जान दे दी। इन्हीं में एक थे काकोरी ट्रेन लूट कांड में शामिल रोशन सिंह जिन्हें फांसी दिए जाने से पूर्व दो वर्ष तक जेल में सजा काटनी पड़ी थी। अमर शहीद रोशन सिंह काकोरी काण्ड के सबसे उम्र दराज सदस्य थे। शाहजहांपुर के नेवादा गांव में 22 जनवरी 1894 में जन्में रोशन सिंह ने देश की आजादी के लिए अपने प्राण दे दिए। बरेली और शाहजहांपुर में असहयोग आन्दोलन चला रहे रोशन सिंह को बरेली में हुये गोलीकांड में दो साल के कैद की सजा दी गयी। उनके पिता का नाम जगदीश सिंह उर्फ जंगी सिंह था। रोशन सिंह ने मिडिल तक शिक्षा लेने के बाद एक प्राइमरी स्कूल में शिक्षक की नौकरी कर ली। नौकरी के दौरान उन्होंने भारतवासियों की दुर्दशा देखी जिसके बाद मन देश की आजादी में योगदान देने को हुआ। इसी के साथ उन्होंने शिरगंज बिचपुरी मैनपुरी व अन्य डकैतियों में साथ दिया। इसी बीच देश में असहयोग आंदोलन शुरू हो गया तो वह उसमें शामिल हो गए। इसी दौरान बरेली में गोली चली और उन्हें दो वर्ष की कैद हो गयी। इसके बाद तो

जैसे उनके भीतर आजादी की मशाल जल उठी और वह काकोरी ट्रेन डकैती में शामिल हो गए। उनके बारे में कहा जाता है कि वह एक अचूक निशानेबाज थे। जब वह पकड़े गए और मुकदमा चला तो न्यायाधीश हेमिल्टन ने पहले उन्हें पांच साल के कैद की सजा दी जिसे बाद में बदल कर फांसी कर दिया। रोशन सिंह को फांसी की सजा सुनकर जैसे सबको सांप सूंघ गया। देश वासियों को अंग्रेजों से न्याय की उम्मीद तो न के बराबर थी लेकिन ऐसे अन्याय की कल्पना किसी ने नहीं की थी। उन्हें अंग्रेजी नहीं आती थी अतः फैसला सुनने के बाद उन्होंने बगल में खड़े व्यक्ति से पूछा कि फाइव इयर्स-फाइव इयर्स इससे आगे भी तो कुछ था वह क्या था। उस व्यक्ति ने उनकी कमर में हाथ डालते हुए कहा पंडित राम प्रसाद बिस्मिल और राजेन्द्र नाथ लाहिड़ी के साथ-साथ आपको भी फांसी मिली है जबकि इनके वकील व साथियों का ख्याल था कि रोशन सिंह को फांसी की सजा नहीं मिलेगी। फांसी की खबर सुनकर रोशन सिंह एकदम उछल पड़े। सभी आश्चर्य से उन्हें देख रहे थे, लेकिन उस कर्मयोगी के तेजस्वी चेहरे पर स्वाभाविक शांति थी। बिस्मिल, अशफाक और राजेन्द्र लाहिड़ी की ओर देखकर वे बोले तुम लोग अकेले जाना चाहते थे न लेकिन ऐसा नहीं हुआ। उन्होंने जज हेमिल्टन से हंसकर कहा आपने लडकों के सामने मेरी बुजुर्गी की लाज रख ली। फांसी के एक दिन पहले मिलने आए लोगों से उन्होंने कहा कि तुम लोग मेरी फिकर मत करो। भगवान को अपने सभी बेटों का ध्यान रहता है। ठाकुर रोशन सिंह को 19 दिसम्बर 1927 को मलाका जेल वर्तमान में इलाहाबाद का स्वरपरानी नेहर अस्पताल परिसर में फांसी दी गई थी।

4

चन्द्रशेखर आजाद के क्रांतिकारी साथी

राम प्रसाद बिस्मिल भारत के महान क्रान्तिकारी, अग्रणी स्वतन्त्रता सेनानी व उच्च कोटि के कवि, शायर, अनुवादक, बहुभाषी, इतिहासकार व साहित्यकार थे। उन्होंने हिन्दुस्तान की आजादी के लिये अपने प्राणों की आहुति दे दी। शुक्रवार ज्येष्ठ शुक्ल एकादशी (निर्जला एकादशी) विक्रमी संवत् 1954 को उत्तर प्रदेश के शाहजहाँपुर में जन्मे राम प्रसाद को 30 वर्ष की आयु में सोमवार पौष कृष्ण एकादशी (सफला एकादशी) विक्रमी संवत् 1984 को ब्रिटिश सरकार ने गोरखपुर जेल में फाँसी दे दी।

बिस्मिल उनका उर्दू तखल्लुस (उपनाम) था जिसका हिन्दी में अर्थ होता है आत्मिक रूप से आहत। बिस्मिल के अतिरिक्त वे राम और अज्ञात के नाम से भी लेख व कवितायें लिखते थे। उन्होंने सन् 1916 में 19 वर्ष की आयु में क्रान्तिकारी मार्ग में कदम रखा था। 11 वर्ष के क्रान्तिकारी जीवन में उन्होंने कई पुस्तकें लिखीं और स्वयं ही उन्हें प्रकाशित किया। उन पुस्तकों को बेचकर जो पैसा मिला उससे उन्होंने हथियार खरीदे और उन हथियारों का उपयोग ब्रिटिश राज का विरोध करने के लिये किया। 11 पुस्तकें ही उनके जीवन काल में प्रकाशित हुईं और ब्रिटिश सरकार द्वारा जब्त की गयीं।

यह भी एक संयोग है कि बिस्मिल को तत्कालीन संयुक्त प्रान्त आगरा व अवध की लखनऊ सेण्ट्रल जेल की 11 नम्बर बैरक में रखा गया था। इसी जेल में

उनके दल के अन्य साथियों को एक साथ रखकर उन सभी पर ब्रिटिश राज के विरुद्ध साजिश रचने का ऐतिहासिक मुकदमा चलाया गया था। बंकिमचन्द्र चट्टोपाध्याय द्वारा रचित वन्दे मातरम के बाद राम प्रसाद बिस्मिल की अमर रचना सरफरोशी की तमन्ना ही है जिसे गाते हुए न जाने कितने देशभक्त फाँसी के तख्ते पर झूल गये। बिस्मिल के दादा जी नारायण लाल का पैतृक गाँव बरबई था, जो तत्कालीन ग्वालियर राज्य में चम्बल नदी के बीहड़ों के बीच स्थित तोमरधार क्षेत्र के मुरैना जिला में था और वर्तमान मध्य प्रदेश में आज भी है। बरबई ग्राम-वासी बड़े ही उद्दण्ड प्रकृति के थे। वे आये दिन अंग्रेजों व अंग्रेजी आधिपत्य वाले ग्राम-वासियों को तंग करते थे। पारिवारिक कलह के कारण नारायण लाल ने अपनी पत्नी विचित्रा देवी एवं दोनों पुत्रों-मुरलीधर व कल्याणमल सहित अपना पैतृक गाँव छोड़ दिया। उनके गाँव छोड़ने के बाद बरबई में केवल उनके दो भाई-अमान सिंह व समान सिंह ही रह गये जिनके वंशज आज भी उसी गाँव में रहते हैं। आज बरबई गाँव के एक पार्क में मध्य प्रदेश सरकार द्वारा राम प्रसाद बिस्मिल की एक प्रतिमा स्थापित कर दी गयी है। इसके अतिरिक्त मुरैना में बिस्मिल का एक मन्दिर भी बन गया है।

कालान्तर में यह परिवार उत्तर प्रदेश के ऐतिहासिक नगर शाहजहाँपुर आ गया। शाहजहाँपुर में मुन्नूगंज के फाटक के पास स्थित एक अत्तार की दुकान पर मात्र तीन रुपये मासिक में नारायण लाल ने नौकरी कर ली। इतने कम पैसे में उनके परिवार का गुजारा न होता था। पति-पत्नी बाजरा, ज्वार, सामा, ककुनी जैसे मोटे अनाज के आटे में बथुआ वगैरह मिलाकर जैसे-तैसे काम चलाते थे। दोनों बच्चों को रोटी बनाकर दी जाती किन्तु पति-पत्नी को आधे भूखे पेट ही गुजारा करते। साथ ही कपड़े-लत्ते और किराये की समस्या भी थी। बिस्मिल की दादी विचित्रा देवी ने अपने पति का हाथ बटाने के लिये मजदूरी करने का विचार किया किन्तु अपरिचित महिला को कोई भी आसानी से अपने घर में काम पर न रखता था। आखिर उन्होंने अनाज पीसने का कार्य शुरू कर दिया। इस काम में उनको तीन-चार घण्टे अनाज पीसने के पश्चात् एक या डेढ़ पैसा मिल जाता था। यह सिलसिला लगभग दो-तीन वर्ष तक चलता रहा।

नारायण लाल तोमर जाति के क्षत्रिय थे किन्तु उनके आचार-विचार, सत्यनिष्ठा व धार्मिक प्रवृत्ति से स्थानीय लोग प्रायः उन्हें पण्डित जी ही कहकर सम्बोधित करते थे। इससे उन्हें एक लाभ यह भी होता था कि प्रत्येक तीज-त्योहार पर दान-दक्षिणा व भोजन आदि घर में आ जाया करता। इसी बीच नारायण लाल को स्थानीय निवासियों की सहायता से एक पाठशाला में सात रुपये मासिक पर नौकरी मिल गयी। कुछ समय

पश्चात् उन्होंने यह नौकरी भी छोड़ दी और रेजगारी (इकन्नी-दुअन्नी-चवन्नी के सिक्के) बेचने का कारोबार शुरू कर दिया। इससे उन्हें प्रतिदिन पाँच-सात आने की आय होने लगी। नारायण लाल ने रहने के लिये एक मकान भी शहर के खिरनीबाग मोहल्ले में खरीद लिया और बड़े बेटे मुरलीधर का विवाह अपने ससुराल वालों के परिवार की ही एक कन्या मूलमती से करके उसे इस नये घर में ले आये। शादी पश्चात मुरलीधर को शाहजहाँपुर की नगरपालिका में 15 रुपये मासिक वेतन पर नौकरी मिल गयी। किन्तु उन्हें यह नौकरी पसन्द नहीं आयी। कुछ दिन बाद उन्होंने नौकरी त्याग कर कचहरी में स्टाम्प पेपर बेचने का काम शुरू कर दिया। इस व्यवसाय में उन्होंने अच्छा खासा धन कमाया। तीन बैलगाड़ियाँ किराये पर चलने लगीं व ब्याज पर रुपये उधार देने का काम भी करने लगे।

11 जून 1897 को उत्तर प्रदेश के शाहजहाँपुर शहर के खिरनीबाग मुहल्ले में पं. मुरलीधर और उनकी पत्नी मूलमती को जन्मे बिस्मिल अपने माता-पिता की दूसरी सन्तान थे। उनसे पूर्व एक पुत्र पैदा होते ही मर चुका था। बालक की जन्म-कुण्डली व दोनों हाथ की दसो उँगलियों में चक्र के निशान देखकर एक ज्योतिषी ने भविष्यवाणी की थी—यदि इस बालक का जीवन किसी प्रकार बचा रहा, यद्यपि सम्भावना बहुत कम है, तो इसे चक्रवर्ती सम्राट बनने से दुनिया की कोई भी ताकत रोक नहीं पायेगी। माता-पिता दोनों ही सिंह राशि के थे और बच्चा भी सिंह-शावक जैसा लगता था अतः ज्योतिषियों ने बहुत सोच विचार कर तुला राशि के नामाक्षर र पर नाम रखने का सुझाव दिया। माता-पिता दोनों ही राम के आराधक थे अतः बालक का नाम रामप्रसाद रखा गया। माँ मूलमती तो सदैव यही कहती थीं कि उन्हें राम जैसा पुत्र चाहिये था सो राम ने उनकी पूजा से प्रसन्न होकर प्रसाद के रूप में यह पुत्र दे दिया। बालक को घर में सभी लोग प्यार से राम कहकर ही पुकारते थे। रामप्रसाद के जन्म से पूर्व उनकी माँ एक पुत्र खो चुकी थीं अतः जादू-टोने का सहारा भी लिया गया। एक खरगोश लाया गया और नवजात शिशु के ऊपर से उतार कर आँगन में छोड़ दिया गया। खरगोश ने आँगन के दो-चार चक्कर लगाये और फौरन मर गया। इसका उल्लेख राम प्रसाद बिस्मिल ने अपनी आत्मकथा में किया है। मुरलीधर के कुल 9 सन्तानें हुईं जिनमें पाँच पुत्रियाँ एवं चार पुत्र थे। आगे चलकर दो पुत्रियों एवं दो पुत्रों का भी देहान्त हो गया।

बाल्यकाल से ही रामप्रसाद की शिक्षा पर विशेष ध्यान दिया जाने लगा। जहाँ कहीं वह गलत अक्षर लिखता उसकी खूब पिटाई की जाती लेकिन उसमें चंचलता व उद्दण्डता भी कम न थी। मौका पाते ही पास के बगीचे में घुसकर फल आदि तोड़

लाता था। शिकायत आने पर उसकी पिटाई भी हुआ करती लेकिन वह शैतानी से बाज नहीं आता था। उसका मन खेलने में अधिक किन्तु पढ़ने में कम लगता था। इसके कारण उसके पिताजी तो उसकी खूब पिटायी लगाते परन्तु माँ हमेशा उसे प्यार से यही समझाती कि बेटा राम! ये बहुत बुरी बात है मत किया करो। इस प्यार भरी सीख का उसके मन पर कहीं न कहीं प्रभाव अवश्य पड़ता। उसके पिता ने पहले हिन्दी का अक्षर-बोध कराया किन्तु उ, से उल्लू न तो उसने पढ़ना सीखा और न ही लिखकर दिखाया। उन दिनों हिन्दी की वर्णमाला में उ से उल्लू ही पढ़ाया जाता था। इस बात का वह विरोध करता था और बदले में पिता की मार भी खाता था। हार कर उसे उर्दू के स्कूल में भर्ती करा दिया गया। शायद उसके यही प्राकृतिक गुण रामप्रसाद को एक क्रान्तिकारी बना पाये। अर्थात् वह अपने विचारों में जन्म से ही बड़ा पक्का था। लगभग 14 वर्ष की आयु में रामप्रसाद को अपने पिता की सन्दूकची से रुपये चुराने की लत पड़ गयी। चुराये गये रुपयों से उसने उपन्यास आदि खरीदकर पढ़ना प्रारम्भ कर दिया एवं सिगरेट पीने व भाँग चढ़ाने की आदत भी पड़ गयी थी। कुल मिलाकर रुपये-चोरी का सिलसिला चलता रहा और रामप्रसाद अब उर्दू के प्रेमरस से परिपूर्ण उपन्यासों व गजलों की पुस्तकें पढ़ने का आदी हो गया था। संयोग से एक दिन भाँग के नशे में होने के कारण रामप्रसाद को चोरी करते हुए पकड़ लिया गया। खूब पिटाई हुई, उपन्यास व अन्य किताबें फाड़ डाली गयीं लेकिन रुपये चुराने की आदत नहीं छूटी। आगे चलकर जब उनको थोड़ी समझ आयी तभी वे इस दुर्गुण से मुक्त हो सके।

रामप्रसाद ने उर्दू मिडिल की परीक्षा में उत्तीर्ण न होने पर अंग्रेजी पढ़ना प्रारम्भ किया। साथ ही पड़ोस के एक पुजारी ने रामप्रसाद को पूजा-पाठ की विधि का ज्ञान करवा दिया। पुजारी एक सुलझे हुए विद्वान व्यक्ति थे। उनके व्यक्तित्व का प्रभाव रामप्रसाद के जीवन पर भी पड़ा। पुजारी के उपदेशों के कारण रामप्रसाद पूजा-पाठ के साथ ब्रह्मचर्य का पालन करने लगा। पुजारी की देखा-देखी रामप्रसाद ने व्यायाम करना भी प्रारम्भ कर दिया। किशोरावस्था की जितनी भी कुभावनाएँ एवं बुरी आदतें मन में थीं वे भी छूट गयीं। केवल सिगरेट पीने की लत नहीं छूटी। परन्तु वह भी कुछ दिनों बाद विद्यालय के एक सहपाठी सुशीलचन्द्र सेन की सत्संगति से छूट गयी। सिगरेट छूटने के बाद रामप्रसाद का मन पढ़ाई में लगने लगा। बहुत शीघ्र ही वह अंग्रेजी के पाँचवें दर्जे में आ गया।

रामप्रसाद में अप्रत्याशित परिवर्तन हो चुका था। शरीर सुन्दर व बलिष्ठ हो गया था। नियमित पूजा-पाठ में समय व्यतीत होने लगा था। इसी दौरान वह मन्दिर

में आने वाले मुंशी इन्द्रजीत से उसका सम्पर्क हुआ। मुंशी इन्द्रजीत ने रामप्रसाद को आर्य समाज के सम्बन्ध में बताया और स्वामी दयानन्द सरस्वती की लिखी पुस्तक सत्यार्थ प्रकाश पढ़ने को दी। सत्यार्थ प्रकाश के गम्भीर अध्ययन से रामप्रसाद के जीवन पर आश्चर्यजनक प्रभाव पड़ा।

रामप्रसाद जब गवर्नमेण्ट स्कूल शाहजहाँपुर में आठवीं कक्षा के छात्र थे तभी संयोग से स्वामी सोमदेव का आर्य समाज भवन में आगमन हुआ। मुंशी इन्द्रजीत ने रामप्रसाद को स्वामीजी की सेवा में नियुक्त कर दिया। यहीं से उनके जीवन की दशा और दिशा दोनों में परिवर्तन प्रारम्भ हुआ। एक ओर सत्यार्थ प्रकाश का गम्भीर अध्ययन व दूसरी ओर स्वामी सोमदेव के साथ राजनीतिक विषयों पर खुली चर्चा से उनके मन में देश-प्रेम की भावना जागृत हुई। सन् 1916 के कांग्रेस अधिवेशन में स्वागताध्यक्ष पं. जगत नारायण मुल्ला के आदेश की धज्जियाँ बिखेरते हुए रामप्रसाद ने जब लोकमान्य बालगंगाधर तिलक की पूरे लखनऊ शहर में शोभायात्रा निकाली तो सभी नवयुवकों का ध्यान उनकी दृढ़ता की ओर गया। अधिवेशन के दौरान उनका परिचय केशव बलिराम हेडगेवार, सोमदेव शर्मा व मुकुन्दीलाल आदि से हुआ। बाद में इन्हीं सोमदेव शर्मा ने किन्हीं सिद्धगोपाल शुक्ल के साथ मिलकर नागरी साहित्य पुस्तकालय, कानपुर से एक पुस्तक भी प्रकाशित की जिसका शीर्षक रखा गया था–'अमेरिका की स्वतन्त्रता का इतिहास।' यह पुस्तक बाबू गनेशप्रसाद के प्रबन्ध से कुर्मी प्रेस, लखनऊ में सन् 1916 में प्रकाशित हुई थी। रामप्रसाद ने यह पुस्तक अपनी माताजी से दो बार में दो-दो सौ रुपये लेकर प्रकाशित की थी। इसका उल्लेख उन्होंने अपनी आत्मकथा में किया है। यह पुस्तक छपते ही जब्त कर ली गयी थी बाद में जब काकोरी काण्ड का अभियोग चला तो साक्ष्य के रूप में यही पुस्तक प्रस्तुत की गयी थी। अब यह पुस्तक सम्पादित करके सरफरोशी की तमन्ना नामक ग्रन्थावली के भाग-तीन में संकलित की जा चुकी है और तीन मूर्ति भवन पुस्तकालय, नई-दिल्ली सहित कई अन्य पुस्तकालयों में देखी जा सकती है।

सन् 1915 में भाई परमानन्द की फाँसी का समाचार सुनकर रामप्रसाद ब्रिटिश साम्राज्य को समूल नष्ट करने की प्रतिज्ञा कर चुके थे, 1916 में एक पुस्तक छपकर आ चुकी थी, कुछ नवयुवक उनसे जुड़ चुके थे, स्वामी सोमदेव का आशीर्वाद भी उन्हें प्राप्त हो चुका था, अब तलाश थी तो एक संगठन की जो उन्होंने पं. गेंदालाल दीक्षित के मार्गदर्शन में मातृवेदी के नाम से खुद खड़ा कर लिया था। इस संगठन की ओर से एक इश्तिहार और एक प्रतिज्ञा भी प्रकाशित की गयी। दल के लिये धन एकत्र करने के उद्देश्य से रामप्रसाद ने, जो अब तक बिस्मिल के नाम से प्रसिद्ध हो चुके

थे, जून 1918 में दो तथा सितम्बर 1918 में एक-कुल मिलाकर तीन डकैती भी डालीं, जिससे पुलिस सतर्क होकर इन युवकों की खोज में जगह-जगह छापे डाल रही थी। 26 से 31 दिसम्बर 1918 तक दिल्ली में लाल किले के सामने हुए कांग्रेस अधिवेशन में इस संगठन के नवयुवकों ने चिल्ला-चिल्ला कर जैसे ही पुस्तकें बेचना शुरू किया कि पुलिस ने छापा डाला किन्तु बिस्मिल की सूझ-बूझ से सभी पुस्तकें बच गयीं।

पण्डित गेंदालाल दीक्षित का जन्म यमुना किनारे स्थित मई गाँव में हुआ था। इटावा जिले के एक प्रसिद्ध कस्बे औरैया के डीएवी स्कूल में अध्यापक थे। देशभक्ति का जुनून सवार हुआ तो शिवाजी समिति के नाम से एक संस्था बना ली और हथियार एकत्र करने शुरू कर दिये। आगरा में हथियार लाते हुए पकड़े गये थे। किले में कैद थे वहाँ से पुलिस को चकमा देकर रफूचक्कर हो गये। बिस्मिल की मातृवेदी संस्था का विलय शिवाजी समिति में करने के बाद दोनों ने मिलकर कई एक्शन किये। एक बार पुनः पकड़े गये, पुलिस पीछे पड़ी थी, भाग कर दिल्ली चले गये वहीं आपका प्राणान्त हुआ। बिस्मिल ने अपनी आत्मकथा में पण्डित गेन्दालाल जी का बड़ा मार्मिक वर्णन किया है।

मैनपुरी षडयंत्र में शाहजहाँपुर से 6 युवक शामिल हुए थे जिनके लीडर रामप्रसाद बिस्मिल थे किन्तु वे पुलिस के हाथ नहीं आये, तत्काल फरार हो गये। 1 नबम्बर 1919 को मजिस्ट्रेट बी. एस. क्रिस ने मैनपुरी षडयन्त्र का फैसला सुना दिया। जिन-जिन को सजायें हुईं उनमें मुकुन्दीलाल के अलावा सभी को फरवरी 1920 में आम माफी के ऐलान में छोड़ दिया गया। बिस्मिल पूरे 2 वर्ष भूमिगत रहे। उनके दल के ही कुछ साथियों ने शाहजहाँपुर में जाकर यह अफवाह फैला दी कि भाई रामप्रसाद तो पुलिस की गोली से मारे गये जबकि सच्चाई यह थी कि वे पुलिस मुठभेड़ के दौरान यमुना में छलाँग लगाकर पानी के अन्दर ही अन्दर योगाभ्यास की शक्ति से तैरते हुए मीलों दूर आगे जाकर नदी से बाहर निकले और जहाँ आजकल ग्रेटर नोएडा आबाद हो चुका है वहाँ के निर्जन बीहड़ों में चले गये। व्रहाँ उन दिनों केवल बबूल के ही वृक्ष हुआ करते थे, ऊसर जमीन में आदमी तो कहीं दूर-दूर तक दिखता ही न था।

राम प्रसाद बिस्मिल ने यहाँ के एक छोटे से गाँव रामपुर जागीर (रामपुर जहाँगीर) में शरण ली और कई महीने यहाँ के निर्जन जंगलों में घूमते हुए गाँव के गूजरों की गाय भैंस चराईं। इसका बड़ा ही रोचक वर्णन उन्होंने अपनी आत्मकथा के द्वितीय खण्ड : स्वदेश प्रेम (उपशीर्षक-पलायनावस्था) में किया है। यहीं रहकर उन्होंने

अपना क्रान्तिकारी उपन्यास बोल्शेविकों की करतूत लिखा। वस्तुतः यह उपन्यास मूलरूप से बांग्ला भाषा में लिखित पुस्तक निहिलिस्ट-रहस्य का हिन्दी- अनुवाद है जिसकी भाषा और शैली दोनों ही बड़ी रोचक हैं। अरविन्द घोष की एक अति उत्तम बांग्ला पुस्तक यौगिक साधन का हिन्दी-अनुवाद भी उन्होंने भूमिगत रहते हुए ही किया था। यमुना किनारे की खादर जमीन उन दिनों पुलिस से बचने के लिये सुरक्षित समझी जाती थी अतः बिस्मिल ने उस निरापद स्थान का भरपूर उपयोग किया। वर्तमान समय में यह गाँव चूँकि ग्रेटर नोएडा के बीटा वन सेक्टर के अन्तर्गत आता है अतः उत्तर प्रदेश सरकार ने रामपुर जागीर गाँव के क्षेत्र में आने वाली वन विभाग की आरक्षित भूमि पर उनकी स्मृति में अमर शहीद पं. राम प्रसाद बिस्मिल उद्यान विकसित कर दिया है जिसकी देख-रेख ग्रेटर नोएडा प्रशासन के वित्त-पोषण से प्रदेश का वन विभाग करता है।

बिस्मिल की एक विशेषता यह भी थी कि वे किसी भी स्थान पर अधिक दिनों तक ठहरते न थे। कुछ दिन रामपुर जागीर में रहकर अपनी सगी बहन शास्त्री देवी के गाँव कोसमा जिला मैनपुरी में भी रहे। मजे की बात यह कि उनकी अपनी बहन तक उन्हें पहचान न पायीं। कोसमा से चलकर बाह पहुँचे। कुछ दिन बाह रहे फिर वहाँ से पिनहट, आगरा होते हुए ग्वालियर रियासत स्थित अपने दादा के गाँव बरबई (जिला मुरैना, मध्य प्रदेश) चले गये। उन्होंने वहाँ किसान के भेस में रहकर कुछ दिनों हल भी चलाया। जब अपने घर वाले ही उन्हें न पहचान पाये तो बेचारी पुलिस की क्या औकात! पलायनावस्था में रहते हुए उन्होंने 1918 में प्रकाशित अँग्रेजी पुस्तक (दि ग्रेण्डमदर ऑफ रसियन रिवोल्यूशन) का हिन्दी-अनुवाद किया। उनके सभी साथियों को यह पुस्तक बहुत पसन्द आयी। इस पुस्तक का नाम उन्होंने कैथेराइन रखा था। इतना ही नहीं, बिस्मिल ने सुशीलमाला सीरीज से कुछ पुस्तकें भी प्रकाशित की थीं जिनमें मन की लहर नामक कविताओं का संग्रह, कैथेराइन या स्वाधीनता की देवी-कैथेराइन ब्रश्कोवस्की की संक्षिप्त जीवनी, स्वदेशी रंग व उपरोक्त बोल्शेविकों की करतूत नामक उपन्यास प्रमुख थे। स्वदेशी रंग के अतिरिक्त अन्य तीनों पुस्तकें आम पाठकों के लिये आजकल पुस्तकालयों में उपलब्ध हैं।

1921 की अहमदाबाद कांग्रेस में गान्धीजी के साथ मंच पर बैठे हुए राम प्रसाद बिस्मिल, मौलाना हसरत मोहानी व हकीम अजमल खाँ का ऐतिहासिक चित्र

सरकारी ऐलान के बाद राम प्रसाद बिस्मिल ने अपने वतन शाहजहाँपुर आकर पहले भारत सिल्क मैनुफैक्चरिंग कम्पनी में मैनेजर के पद पर कुछ दिन नौकरी की उसके बाद सदर बाजार में रेशमी साड़ियों की दुकान खोलकर बनारसीलाल के साथ

व्यापार शुरू कर दिया। व्यापार में उन्होंने नाम और नामा दोनों कमाया। कांग्रेस जिला समिति ने उन्हें ऑडीटर के पद पर वर्किंग कमेटी में ले लिया। सितम्बर 1920 में वे कलकत्ता कांग्रेस में शाहजहाँपुर कॉंग्रेस कमेटी के अधिकृत प्रतिनिधि के रूप में शामिल हुए। कलकत्ते में उनकी भेंट लाला लाजपत राय से हुई। लाला जी ने जब उनकी लिखी हुई पुस्तकें देखीं तो वे उनसे काफी प्रभावित हुए। उन्होंने उनका परिचय कलकत्ता के कुछ प्रकाशकों से करा दिया जिनमें एक उमादत्त शर्मा भी थे, जिन्होंने आगे चलकर सन् 1922 में राम प्रसाद बिस्मिल की एक पुस्तक कैथेराइन छापी थी। सन् 1921 के अहमदाबाद कांग्रेस अधिवेशन में रामप्रसाद बिस्मिल ने पूर्ण स्वराज के प्रस्ताव पर मौलाना हसरत मोहानी का खुलकर समर्थन किया और अन्ततोगत्वा गांधी जी से असहयोग आन्दोलन प्रारम्भ करने का प्रस्ताव पारित करवा कर ही माने। इस कारण वे युवाओं में काफी लोकप्रिय हो गये। समूचे देश में असहयोग आन्दोलन शुरू करने में शाहजहाँपुर के स्वयंसेवकों की अहम् भूमिका थी। किन्तु 1922 में जब चौरी-चौरा काण्ड के पश्चात् किसी से परामर्श किये बिना गान्धी जी ने डिक्टेटरशिप दिखाते हुए असहयोग आन्दोलन वापस ले लिया तो 1922 की गया कांग्रेस में बिस्मिल व उनके साथियों ने गान्धी जी का ऐसा विरोध किया कि कांग्रेस में फिर दो विचारधारायें बन गयीं—एक उदारवादी या लिबरल और दूसरी विद्रोही या रिबेलियन। गान्धी जी विद्रोही विचारधारा के नवयुवकों को कांग्रेस की आम सभाओं में विरोध करने के कारण हमेशा हुल्लड़बाज कहा करते थे। एक बार तो उन्होंने जवाहरलाल नेहरू को पत्र लिखकर क्रान्तिकारी नवयुवकों का साथ देने पर बुरी तरह फटकार भी लगायी थी।

जनवरी 1923 में मोतीलाल नेहरू व देशबन्धु चितरंजन दास सरीखे धनाढ्य लोगों ने मिलकर स्वराज पार्टी बना ली। नवयुवकों ने तदर्थ पार्टी के रूप में रिवोल्यूशनरी पार्टी का ऐलान कर दिया। सितम्बर 1923 में हुए दिल्ली के विशेष कांग्रेस अधिवेशन में असन्तुष्ट नवयुवकों ने यह निर्णय लिया कि वे भी अपनी पार्टी का नाम व संविधान आदि निश्चित कर राजनीति में दखल देना शुरू करेंगे अन्यथा देश में लोकतन्त्र के नाम पर लूटतन्त्र हावी हो जायेगा। देखा जाये तो उस समय उनकी यह बड़ी दूरदर्शी सोच थी। सुप्रसिद्ध क्रान्तिकारी लाला हरदयाल, जो उन दिनों विदेश में रहकर हिन्दुस्तान को स्वतन्त्र कराने की रणनीति बनाने में जुटे हुए थे, राम प्रसाद बिस्मिल के सम्पर्क में स्वामी सोमदेव के समय से ही थे। लाला जी ने ही पत्र लिखकर राम प्रसाद बिस्मिल को शचींद्रनाथ सान्याल व यदु गोपाल मुखर्जी से मिलकर नयी पार्टी का संविधान तैयार करने की सलाह दी थी। लाला जी की सलाह

मानकर राम प्रसाद इलाहाबाद गये और शचींद्रनाथ सान्याल के घर पर पार्टी का संविधान तैयार किया।

नवगठित पार्टी का नाम संक्षेप में एच. आर. ए. रखा गया व इसका संविधान पीले रंग के पर्चे पर टाइप करके सदस्यों को भेजा गया। 3 अक्टूबर 1924 को इस पार्टी (हिन्दुस्तान रिपब्लिकन एसोसिएशन) की एक कार्यकारिणी-बैठक कानपुर में की गयी जिसमें शचीन्द्रनाथ सान्याल, योगेश चन्द्र चटर्जी व राम प्रसाद बिस्मिल आदि कई प्रमुख सदस्य शामिल हुए। इस बैठक में पार्टी का नेतृत्व बिस्मिल को सौंपकर सान्याल व चटर्जी बंगाल चले गये। पार्टी के लिये फण्ड एकत्र करने में कठिनाई को देखते हुए आयरलैण्ड के क्रान्तिकारियों का तरीका अपनाया गया और पार्टी की ओर से पहली डकैती 25 दिसम्बर 1924 (क्रिसमस की रात) को बमरौली में डाली गयी जिसका कुशल नेतृत्व बिस्मिल ने किया था। इसका उल्लेख चीफ कोर्ट ऑफ अवध के फैसले में मिलता है।

क्रान्तिकारी पार्टी की ओर से 1 जनवरी 1925 को किसी गुमनाम जगह से प्रकाशित एवं 28 से 31 जनवरी 1925 के बीच समूचे हिन्दुस्तान के सभी प्रमुख स्थानों पर वितरित 4 पृष्ठ के पैम्फलेट दि रिवोल्यूशनरी में राम प्रसाद बिस्मिल ने विजय कुमार के छद्म नाम से अपने दल की विचारधारा का लिखित रूप में खुलासा करते हुए साफ शब्दों में घोषित कर दिया था कि क्रान्तिकारी इस देश की शासन व्यवस्था में किस प्रकार का बदलाव करना चाहते हैं और इसके लिए वे क्या-क्या कर सकते हैं? केवल इतना ही नहीं, उन्होंने गान्धी जी की नीतियों का मजाक बनाते हुए यह प्रश्न भी किया था कि जो व्यक्ति स्वयं को आध्यात्मिक कहता है वह अँग्रेजों से खुलकर बात करने में डरता क्यों है? उन्होंने हिन्दुस्तान के सभी नौजवानों को ऐसे छद्मवेषी महात्मा के बहकावे में न आने की सलाह देते हुए उनकी क्रान्तिकारी पार्टी में शामिल हो कर अँग्रेजों से टक्कर लेने का खुला आवाहन किया था। 'दि रिवोल्यूशनरी' के नाम से अँग्रेजी में प्रकाशित इस क्रान्तिकारी (घोषणा पत्र) में 'क्रान्तिकारियों के वैचारिक चिन्तन'को भली-भाँति समझा जा सकता है।

दि रिवोल्यूशनरी नाम से प्रकाशित इस 4 पृष्ठीय घोषणापत्र को देखते ही ब्रिटिश सरकार इसके लेखक को बंगाल में खोजने लगी। संयोग से शचीन्द्रनाथ सान्याल बाँकुरा में उस समय गिरफ्तार कर लिये गये जब वे यह पैम्फलेट अपने किसी साथी को पोस्ट करने जा रहे थे। इसी प्रकार योगेशचन्द्र चटर्जी कानपुर से पार्टी की मीटिंग करके जैसे ही हावड़ा स्टेशन पर ट्रेन से उतरे कि एच. आर. ए.के संविधान की ढेर सारी प्रतियों के साथ पकड़ लिये गये। उन्हें हजारीबाग जेल में बन्द कर दिया

गया। दोनों प्रमुख नेताओं के गिरफ्तार हो जाने से राम प्रसाद बिस्मिल के कन्धों पर उत्तर प्रदेश के साथ-साथ बंगाल के क्रान्तिकारी सदस्यों का उत्तरदायित्व भी आ गया। बिस्मिल का स्वभाव था कि वे या तो किसी काम को हाथ में लेते न थे और यदि एक बार काम हाथ में ले लिया तो उसे पूरा किये बगैर छोड़ते न थे। पार्टी के कार्य हेतु धन की आवश्यकता पहले भी थी किन्तु अब तो और भी अधिक बढ़ गयी थी। कहीं से भी धन प्राप्त होता न देख उन्होंने 7 मार्च 1925 को बिचपुरी तथा 24 मई 1925 को द्वारकापुर में दो राजनीतिक डकैतियाँ डालीं। परन्तु उनमें कुछ विशेष धन उन्हें प्राप्त न हो सका।

इन दोनों डकैतियों में एक-एक व्यक्ति मौके पर ही मारा गया। इससे बिस्मिल की आत्मा को अपार कष्ट हुआ। अन्ततः उन्होंने यह पक्का निश्चय कर लिया कि वे अब केवल सरकारी खजाना ही लूटेंगे, हिन्दुस्तान के किसी भी रईस के घर डकैती बिल्कुल न डालेंगे।

बनारसी लाल को हवालात में ही पुलिस ने कड़ी सजा का भय दिखाकर तोड़ लिया। शाहजहाँपुर जिला काँग्रेस कमेटी में पार्टी-फण्ड को लेकर इसी बनारसी का बिस्मिल से झगड़ा हो चुका था। बिस्मिल ने, जो उस समय जिला काँग्रेस कमेटी के ऑडीटर थे, बनारसी पर पार्टी-फण्ड में गबन का आरोप सिद्ध करते हुए उसे काँग्रेस पार्टी की प्राथमिक सदस्यता से निलम्बित कर दिया था। बाद में जब गान्धी जी 16 अक्टूबर 1920 (शनिवार) को शाहजहाँपुर आये तो बनारसी ने उनसे मिलकर अपना पक्ष रखा। गान्धी जी ने उस समय यह कहकर कि छोटी-मोटी हेरा-फेरी को इतना तूल नहीं देना चाहिये, इन दोनों में सुलह करा दी। परन्तु बनारसी बड़ा ही धूर्त आदमी था। उसने पहले तो बिस्मिल से माफी माँग ली फिर गान्धी जी को अलग ले जाकर उनके कान भर दिये कि रामप्रसाद बड़ा ही अपराधी किस्म का व्यक्ति है। वे इसकी किसी बात का न तो स्वयं विश्वास करें न ही किसी और को करने दें।

आगे चलकर इसी बनारसी लाल ने बिस्मिल से मित्रता कर ली और मीठी-मीठी बातों से पहले उनका विश्वास अर्जित किया और उसके बाद उनके साथ कपड़े के व्यापार में साझीदार बन गया। जब बिस्मिल ने गान्धी जी की आलोचना करते हुए अपनी अलग पार्टी बना ली तो बनारसी लाल अत्यधिक प्रसन्न हुआ और मौके की तलाश में चुप साधे बैठा रहा। पुलिस ने स्थानीय लोगों से बिस्मिल व बनारसी के पिछले झगड़े का भेद जानकर ही बनारसी लाल को अप्रूवर (सरकारी गवाह) बनाया और बिस्मिल के विरुद्ध पूरे अभियोग में एक अचूक औजार की तरह इस्तेमाल किया। बनारसी लाल व्यापार में साझीदार होने के कारण पार्टी सम्बन्धी

ऐसी-ऐसी गोपनीय बातें जानता था, जिन्हें बिस्मिल के अतिरिक्त और कोई भी न जान सकता था। इसका उल्लेख राम प्रसाद बिस्मिल ने अपनी आत्मकथा में किया है।

लखनऊ जिला जेल, जो उन दिनों संयुक्त प्रान्त (यू.पी.) की सेण्ट्रल जेल कहलाती थी, की 11 नम्बर बैरक में सभी क्रान्तिकारियों को एक साथ रखा गया और हजरतगंज चौराहे के पास रिंग थियेटर नाम की एक आलीशान बिल्डिंग में अस्थाई अदालत का निर्माण किया गया। रिंग थियेटर नाम की यह बिल्डिंग कोठी हयात बख्श और मल्लिका अहद महल के बीच हुआ करती थी जिसमें ब्रिटिश अफसर आकर फिल्म व नाटक आदि देखकर मनोरंजन किया करते थे। इसी रिंग थियेटर में लगातार 18 महीने तक किंग इम्परर वर्सेस राम प्रसाद बिस्मिल एण्ड अदर्स के नाम से चलाये गये ऐतिहासिक मुकदमे में ब्रिटिश सरकार ने 10 लाख रुपये उस समय खर्च किये थे जब सोने का मूल्य 20 रुपये तोला (12 ग्राम) हुआ करता था। इससे अधिक मजेदार बात यह हुई कि ब्रिटिश हुक्मरानों के आदेश से यह बिल्डिंग भी बाद में गिरा दी गयी और उसकी जगह सन् 1929-1932 में जी. पी. ओ. (मुख्य डाकघर) लखनऊ के नाम से एक दूसरा भव्य भवन ब्रिटिश सरकार खड़ा कर गयी। 1947 में जब भारत आजाद हो गया तो यहाँ गान्धी जी की भव्य प्रतिमा स्थापित करके रही सही कसर नेहरू सरकार ने पूरी कर दी। जब केन्द्र में गैर काँग्रेसी जनता सरकार का पहली बार गठन हुआ तो उस समय के जीवित क्रान्तिकारियों के सामूहिक प्रयासों से सन् 1977 में आयोजित काकोरी शहीद अर्द्धशताब्दी समारोह के समय यहाँ पर काकोरी स्तम्भ का अनावरण उत्तर प्रदेश के राज्यपाल गणपतिराव देवराव तपासे ने किया ताकि उस स्थल की स्मृति बनी रहे।

इस ऐतिहासिक मुकदमें में सरकारी खर्चे से हरकरननाथ मिश्र को क्रान्तिकारियों का वकील नियुक्त किया गया जबकि जवाहरलाल नेहरू के रिश्ते में साले लगने वाले सुप्रसिद्ध वकील जगतनारायण मुल्ला को एक सोची समझी रणनीति के अन्तर्गत सरकारी वकील बनाया गया। जगत नारायण ने अपनी ओर से सभी क्रान्तिकारियों को कड़ी से कड़ी सजा दिलवाने में कोई कसर बाकी न रक्खी। यह वही जगत नारायण थे जिनकी मर्जी के खिलाफ सन् 1916 में बिस्मिल ने लोकमान्य बालगंगाधर तिलक की भव्य शोभायात्रा पूरे लखनऊ शहर में निकाली थी। इसी बात से चिढ़ कर मैनपुरी षडयंत्र में भी इन्हीं मुल्लाजी ने सरकारी वकील की हैसियत से काफी जोर लगाया परन्तु वे राम प्रसाद बिस्मिल का एक भी बाल बाँका न कर पाये

क्योंकि मैनपुरी षडयन्त्र में बिस्मिल फरार हो गये थे और दो साल तक पुलिस के हाथ ही न आये।

9 सितम्बर 1927 को गोरखपुर जेल से मदन मोहन मालवीय को अंग्रेजी में लिखा राम प्रसाद बिस्मिल का ऐतिहासिक पत्र, जिस पर जेल अधीक्षक के उर्दू दस्तखत व मोहर के अलावा गोविन्द वल्लभ पन्त की टिप्पणी भी हिन्दी में दर्ज है।

वायसरॉय व गवर्नर जनरल को भेजे गये मेमोरियल का पहला पन्ना
वायसरॉय व गवर्नर जनरल को भेजे गये मेमोरियल का दूसरा पन्ना
वायसरॉय व गवर्नर जनरल को भेजे गये मेमोरियल का तीसरा पन्ना
वायसरॉय व गवर्नर जनरल को भेजे गये मेमोरियल का चौथा पन्ना

6 अप्रैल 1927 को विशेष सेशन जज ए. हैमिल्टन ने 115 पृष्ठ के निर्णय में प्रत्येक क्रान्तिकारी पर लगाये गये आरोपों पर विचार करते हुए लिखा कि यह कोई साधारण ट्रेन डकैती नहीं, अपितु ब्रिटिश साम्राज्य को उखाड़ फेंकने की एक सोची समझी साजिश है। हालाँकि इनमें से कोई भी अभियुक्त अपने व्यक्तिगत लाभ के लिये इस योजना में शामिल नहीं हुआ परन्तु चूँकि किसी ने भी न तो अपने किये पर कोई पश्चाताप किया है और न ही भविष्य में इस प्रकार की गतिविधियों से स्वयं को अलग रखने का वचन दिया है अतः जो भी सजा दी गयी है सोच समझ कर दी गयी है और इस हालत में उसमें किसी भी प्रकार की कोई छूट नहीं दी जा सकती। फिर भी, इनमें से कोई भी अभियुक्त यदि लिखित में पश्चाताप प्रकट करता है और भविष्य में ऐसा न करने का वचन देता है तो उनकी अपील पर अपर कोर्ट विचार कर सकती है।

फरार क्रान्तिकारियों में अशफाक उल्ला खाँ और शचीन्द्रनाथ बख्शी को बहुत बाद में पुलिस गिरफ्तार कर पायी। स्पेशल जज जे. आर. डब्लू. बैनेट की अदालत में काकोरी कांस्पिरेसी का सप्लीमेण्ट्री केस दायर किया गया और 13 जुलाई 1927 को यही बात दोहराते हुए अशफाक उल्ला खाँ को फाँसी तथा शचीन्द्रनाथ बख्शी को आजीवन कारावास की सजा सुना दी गयी। सेशन जज के फैसले के खिलाफ 18 जुलाई 1927 को अवध चीफ कोर्ट में अपील दायर की गयी। चीफ कोर्ट के मुख्य न्यायाधीश सर लुइस शर्ट और विशेष न्यायाधीश मोहम्मद रजा के सामने दोनों मामले पेश हुए। जगतनारायण मुल्ला को सरकारी पक्ष रखने का काम सौंपा गया जबकि सजायाफ्ता क्रान्तिकारियों की ओर से के. सी. दत्त, जयकरणनाथ मिश्र व कृपाशंकर हजेला ने क्रमशः राजेन्द्र नाथ लाहिड़ी, ठाकुर रोशन सिंह व अशफाक उल्ला खाँ की पैरवी की। राम प्रसाद बिस्मिल ने अपनी पैरवी खुद की क्योंकि सरकारी खर्चे पर उन्हें

लक्ष्मीशंकर मिश्र नाम का एक बड़ा साधारण-सा वकील दिया गया था जिसको लेने से उन्होंने साफ मना कर दिया।

चीफ कोर्ट के सामने जब बिस्मिल ने धाराप्रवाह अंग्रेजी में फैसले के खिलाफ बहस की तो सरकारी वकील मुल्ला जी बगलें झाँकते नजर आये। बिस्मिल की इस तर्क क्षमता पर चीफ जस्टिस लुइस शर्टस को उनसे यह पूछना पड़ा–मिस्टर रामप्रसाड! फ्रॉम भिच यूनीवर्सिटी यू हैव टेकेन द डिग्री ऑफ लॉ? (राम प्रसाद! तुमने किस विश्वविद्यालय से कानून की डिग्री ली?) इस पर उन्होंने हँस कर कहा था–एक्सक्यूज मी सर! ए किंगमेकर डजन्ट रिक्वायर ऐनी डिग्री। (क्षमा करें महोदय! सम्राट बनाने वाले को किसी डिग्री की आवश्यकता नहीं होती।) अदालत ने इस जवाब से चिढ़कर बिस्मिल द्वारा 18 जुलाई 1927 को दी गयी स्वयं वकालत करने की अर्जी खारिज कर दी। उसके बाद उन्होंने 76 पृष्ठ की तर्कपूर्ण लिखित बहस पेश की। उसे पढ़ कर जजों ने यह शंका व्यक्त की कि यह बहस बिस्मिल ने स्वयं न लिखकर किसी विधिवेत्ता से लिखवायी है। आखिरकार अदालत द्वारा उन्हीं लक्ष्मीशंकर मिश्र को बहस करने की इजाजत दी गयी जिन्हें लेने से बिस्मिल ने मना कर दिया था।

लखनऊ कोर्ट में काकोरी काण्ड का मुकदमा चल रहा था। पण्डित जगतनारायण मुल्ला सरकारी वकील के साथ उर्दू के शायर भी थे। उन्होंने अभियुक्तों के लिये मुल्जिमान की जगह मुलाजिम शब्द बोल दिया। फिर क्या था, पण्डित राम प्रसाद बिस्मिल ने तपाक से उन पर ये चुटीली फब्ती कसी मुलाजिम हमको मत कहिये, बड़ा अफसोस होता है। अदालत के अदब से हम यहाँ तशरीफ लाये हैं। पलट देते हैं हम मौजे-हवादिस अपनी जुर्रत सेय कि हमने आँधियों में भी चिराग अक्सर जलाये हैं। उनके कहने का मतलब था कि मुलाजिम वे (बिस्मिल) नहीं, बल्कि मुल्ला जी हैं जो सरकार से तनख्वाह पाते हैं। वे (बिस्मिल आदि) तो राजनीतिक बन्दी हैं अतः उनके साथ तमीज से पेश आयें। इसके साथ ही यह चेतावनी भी दे डाली कि वे समुद्र की लहरों तक को अपने दुस्साहस से पलटने का दम रखते हैं। मुकदमे की बाजी पलटना कौन सी बड़ी बात है? इतना सब होने के बाद किसी में इतनी हिम्मत नहीं हुयी कि कोई बिस्मिल से जिरह करे। मुल्ला जी को पसीने छूट गये और उन्होंने कन्नी काटने में ही भलाई समझी। वे चुपचाप पिछले दरवाजे से खिसक लिये। फिर उस दिन उन्होंने कोई जिरह नहीं की।

चीफ कोर्ट में शचीन्द्र नाथ सान्याल, भूपेन्द्र नाथ सान्याल व बनवारी लाल को छोड़कर शेष सभी क्रान्तिकारियों ने अपील की थी। 22 अगस्त 1927 को जो फैसला

सुनाया गया उसके अनुसार राम प्रसाद बिस्मिल, राजेन्द्र नाथ लाहिड़ी व अशफाक उल्ला खाँ को आई. पी. सी. की दफा 121 (ए) व 120 (बी) के अन्तर्गत आजीवन कारावास तथा 302 व 396 के अनुसार फाँसी एवं ठाकुर रोशन सिंह को पहली दो दफाओं में 55 = कुल 10 वर्ष की कड़ी कैद तथा अगली दो दफाओं के अनुसार फाँसी का हुक्म हुआ। शचीन्द्रनाथ सान्याल, जब जेल में थे तभी लिखित रूप से अपने किये पर पश्चाताप प्रकट करते हुए भविष्य में किसी भी क्रान्तिकारी कार्रवाई में हिस्सा न लेने का वचन दे चुके थे। इसके आधार पर उनकी उम्र-कैद बरकरार रही। शचीन्द्र के छोटे भाई भूपेन्द्र नाथ सान्याल व बनवारी लाल ने अपना-अपना जुर्म कबूल करते हुए कोर्ट की कोई भी सजा भुगतने की अण्डरटेकिंग पहले ही दे रखी थी इसलिये उन्होंने अपील नहीं की और दोनों को 5-5 वर्ष की सजा के आदेश यथावत रहे। चीफ कोर्ट में अपील करने के बावजूद योगेशचन्द्र चटर्जी, मुकुन्दी लाल व गोविन्दचरण कार की सजायें 10-10 वर्ष से बढ़ाकर उम्र-कैद में बदल दी गयीं। सुरेशचन्द्र भट्टाचार्य व विष्णुशरण दुब्लिश की सजायें भी यथावत (7-7 वर्ष) कायम रहीं। खूबसूरत हैण्डराइटिंग में लिखकर अपील देने के कारण केवल प्रणवेश चटर्जी की सजा को 5 वर्ष से घटाकर 4 वर्ष कर दिया गया। इस काण्ड में सबसे कम सजा (3 वर्ष) रामनाथ पाण्डेय को हुई। मन्मथनाथ गुप्त, जिनकी गोली से मुसाफिर मारा गया, की सजा 10 से बढ़ाकर 14 वर्ष कर दी गयी। काकोरी काण्ड में प्रयुक्त माउजर पिस्तौल के कारतूस चूँकि प्रेमकृष्ण खन्ना के शस्त्र-लाइसेन्स पर खरीदे गये थे जिसके पर्याप्त साक्ष्य मिल जाने के कारण प्रेमकृष्ण खन्ना को 5 वर्ष के कठोर कारावास की सजा भुगतनी पड़ी।

चीफ कोर्ट का फैसला आते ही समूचे देश में सनसनी फैल गयी। ठाकुर मनजीत सिंह राठौर ने सेण्ट्रल लेजिस्लेटिव कौन्सिल में काकोरी काण्ड के सभी फाँसी (मृत्यु-दण्ड) प्राप्त कैदियों की सजायें कम करके आजीवन कारावास (उम्र-कैद) में बदलने का प्रस्ताव पेश करने की सूचना दी। कौन्सिल के कई सदस्यों ने सर विलियम मोरिस को, जो उस समय संयुक्त प्रान्त के गवर्नर थे, इस आशय का एक प्रार्थना-पत्र भी दिया किन्तु उन्होंने उसे अस्वीकार कर दिया।

सेण्ट्रल कौन्सिल के 78 सदस्यों ने तत्कालीन वायसराय व गवर्नर जनरल एडवर्ड फ्रेडरिक लिण्डले वुड को शिमला में हस्ताक्षर युक्त मेमोरियल भेजा जिस पर प्रमुख रूप से पं. मदनमोहन मालवीय, मोहम्मद अली जिन्ना, एन.सी. केलकर, लाला लाजपत राय, गोविन्द वल्लभ पन्त, आदि ने हस्ताक्षर किये थे किन्तु वायसराय पर उसका भी कोई असर न हुआ। अन्त में मदन मोहन मालवीय के नेतृत्व में पाँच

व्यक्तियों का एक प्रतिनिधि मण्डल शिमला जाकर वायसराय से मिला और उनसे यह प्रार्थना की कि चूँकि इन चारो अभियुक्तों ने लिखित रूप में सरकार को यह वचन दिया है कि वे भविष्य में इस प्रकार की किसी भी गतिविधि में हिस्सा न लेंगे और उन्होंने अपने किये पर पश्चाताप भी प्रकट किया है अतः जजमेण्ट पर पुनर्विचार किया जा सकता है। चीफ कोर्ट ने अपने फैसले में भी यह बात लिखी थी। इसके बावजूद वायसराय ने उन्हें साफ मना कर दिया।

अन्ततः बैरिस्टर मोहनलाल सक्सेना ने प्रिवी कौन्सिल में क्षमादान की याचिका के दस्तावेज तैयार करके इंग्लैण्ड के विख्यात वकील एस. एल. पोलक के पास भिजवाये। परन्तु लन्दन के न्यायाधीशों व सम्राट के वैधानिक सलाहकारों ने उस पर बड़ी सख्त दलील दी कि इस षडयन्त्र का सूत्रधार राम प्रसाद बिस्मिल बड़ा ही खतरनाक और पेशेवर अपराधी है। यदि उसे क्षमादान दिया गया तो वह भविष्य में इससे भी बड़ा और भयंकर काण्ड कर सकता है। उस स्थिति में सरकार को हिन्दुस्तान में शासन करना असम्भव हो जायेगा। इस सबका परिणाम यह हुआ कि प्रिवी कौन्सिल में भेजी गयी क्षमादान की अपील भी खारिज हो गयी।

जेल में आत्मकथा का लेखन और प्रेषण

सेशन कोर्ट ने अपने फैसले में फाँसी की तारीख 16 सितम्बर 1927 निश्चित की थी जिसे चीफ कोर्ट के निर्णय में आगे बढ़ाकर 11 अक्टूबर 1927 कर दिया गया। काकोरी काण्ड के क्रान्तिकारियों की सहायता के लिये गणेश शंकर विद्यार्थी ने एक डिफेन्स कमेटी बनायी थी जिसमें शिव प्रसाद गुप्त, गोविन्द वल्लभ पन्त व श्रीप्रकाश आदि शामिल थे। इस कमेटी ने कलकत्ता के प्रसिद्ध वकील बी. के. चौधरी व एक अन्य एडवोकेट मोहनलाल सक्सेना को प्रिवी कौन्सिल में याचिका दायर करने का दायित्व सौंपा था। गोरखपुर की जेल में जब मोहनलाल सक्सेना बिस्मिल से मिलने गये तो अपने साथ कई दस्ते सादे कागज, पेन्सिल, रबड़ व नीचे रखने के लिये एक फुलस्केप साइज का कोरा रजिस्टर भी ले गये थे और जेलर की अनुमति से इस शर्त के साथ कि अभियुक्त इनका इस्तेमाल अपनी अपील लिखने के लिये ही करेगा, बिस्मिल को दे आये थे।

बिस्मिल ने अपील तैयार करने में बहुत कम कागज खर्च किये और शेष बची स्टेशनरी का प्रयोग अपनी आत्मकथा लिखने में कर डाला। यह थी उनकी सूझबूझ और सीमित साधनों से अपना काम चला लेने की असाधारण योग्यता! प्रिवी कौन्सिल से अपील रद्द होने के बाद फाँसी की नयी तिथि 19 दिसम्बर 1927 की सूचना

गोरखपुर जेल में बिस्मिल को दे दी गयी थी किन्तु वे इससे जरा भी विचलित नहीं हुए और बड़े ही निश्चिन्त भाव से अपनी आत्मकथा, जिसे उन्होंने निज जीवन की एक छटा नाम दिया था, पूरी करने में दिन-रात डटे रहे, एक क्षण को भी न सुस्ताये और न सोये। उन्हें यह पूर्वाभास हो गया था कि बेरहम और बेहया ब्रिटिश सरकार उन्हें पूरी तरह से मिटा कर ही दम लेगी तभी तो उन्होंने आत्मकथा में एक जगह उर्दू का यह शेर लिखा था—क्या हि लज्जत है कि रग-रग से ये आती है सदा, दम न ले तलवार जब तक जान बिस्मिल में रहे। जब बिस्मिल को प्रिवी कौन्सिल से अपील खारिज हो जाने की सूचना मिली तो उन्होंने अपनी एक गजल लिखकर गोरखपुर जेल से बाहर भिजवायी जिसका मत्ला (मुखड़ा) यह था-मिट गया जब मिटने वाला फिर सलाम आया तो क्या! दिल की बरवादी के बाद उनका पयाम आया तो क्या!!

जैसा उन्होंने अपनी आत्मकथा में लिखा भी और उनकी यह तड़प भी थी कि कहीं से कोई उन्हें एक रिवॉल्वर जेल में भेज देता तो फिर सारी दुनिया यह देखती कि वे क्या-क्या करते? उनकी सारी हसरतें उनके साथ ही मिट गयीं। हाँ! मरने से पूर्व आत्मकथा के रूप में वे एक ऐसी धरोहर हमें अवश्य सौंप गये जिसे आत्मसात् करके हिन्दुस्तान ही नहीं, सारी दुनिया में लोकतन्त्र की जड़ें मजबूत की जा सकती हैं। यद्यपि उनकी यह अद्भुत आत्मकथा आज इण्टरनेट पर मूल रूप से हिन्दी भाषा में भी उपलब्ध है तथापि यहाँ पर यह बता देना भी आवश्यक है कि यह सब कैसे सम्भव हो सका।

बिस्मिलजी का जीवन इतना पवित्र था कि जेल के सभी कर्मचारी उनकी बड़ी इज्जत करते थे। ऐसी स्थिति में यदि वे अपने लेख व कवितायें जेल से बाहर भेजते भी रहे हों तो उन्हें इसकी सुविधा अवश्य ही जेल के उन कर्मचारियों ने उपलब्ध करायी होगी, इसमें सन्देह करने की कोई गुन्जाइश नहीं। अब यह आत्मकथा किसके पास पहले पहुँची और किसके पास बाद में, इस पर भी बहस करना व्यर्थ होगा। बहरहाल इतना सत्य है कि यह आत्मकथा उस समय के ब्रिटिश शासन काल में जितनी बार प्रकाशित हुई, उतनी बार जब्त हुई।

प्रताप प्रेस कानपुर से काकोरी के शहीद नामक पुस्तक के अन्दर जो आत्मकथा प्रकाशित हुई थी उसे ब्रिटिश सरकार ने न केवल जब्त किया अपितु अँग्रेजी भाषा में अनुवाद करवाकर समूचे हिन्दुस्तान की खुफिया पुलिस व जिला कलेक्टर्स को सरकारी टिप्पणियों के साथ भेजा था। सरकारी टिप्पणियों में साफ लिखा था कि अपनी आत्मकथा में जो कुछ राम प्रसाद बिस्मिल ने लिखा है वह एक

दम सत्य नहीं है। उसने सरकार पर जो आरोप लगाये गये हैं वे निराधार हैं। कोई भी हिन्दुस्तानी, जो सरकारी सेवा में है, इसे सच न माने। इस सरकारी टिप्पणी से इस बात का खुलासा अपने आप हो जाता है कि ब्रिटिश सरकार ने बिस्मिल को इतना खतरनाक षडयन्त्रकारी समझ लिया था कि उनकी आत्मकथा पढ़ने मात्र से उसे सरकारी तन्त्र में बगावत फैल जाने का भय हो गया था। वर्तमान में यू.पी. के. सी. आई. डी. हेडक्वार्टर, लखनऊ के गोपनीय विभाग में मूल आत्मकथा का अँग्रेजी अनुवाद आज भी सुरक्षित रखा हुआ है। बिस्मिल की जो आत्मकथा काकोरी षडयन्त्र के नाम से वर्तमान पाकिस्तान के सिन्ध प्रान्त में तत्कालीन पुस्तक प्रकाशक भजनलाल बुकसेलर ने आर्ट प्रेस, सिन्ध (वर्तमान पाकिस्तान) से पहली बार सन 1927 में बिस्मिल को फाँसी दिये जाने के कुछ दिनों बाद ही प्रकाशित कर दी थी वह भी सरफरोशी की तमन्ना ग्रन्थावली के भाग-तीन में अविकल रूप से सुसम्पादित होकर सन् 1997 में आ चुकी है।

16 दिसम्बर 1927 को बिस्मिल ने अपनी आत्मकथा का आखिरी अध्याय (अन्तिम समय की बातें) पूर्ण करके जेल से बाहर भिजवा दिया। 18 दिसम्बर 1927 को माता-पिता से अन्तिम मुलाकात की और सोमवार 19 दिसम्बर 1927 (पौष कृष्ण एकादशी विक्रमी सम्वत् 1984) को प्रातःकाल 6 बजकर 30 मिनट पर गोरखपुर की जिला जेल में उन्हें फाँसी दे दी गयी। बिस्मिल के बलिदान का समाचार सुनकर बहुत बड़ी संख्या में जनता जेल के फाटक पर एकत्र हो गयी। जेल का मुख्य द्वार बन्द ही रखा गया और फाँसीघर के सामने वाली दीवार को तोड़कर बिस्मिल का शव उनके परिजनों को सौंप दिया गया। शव को डेढ़ लाख लोगों ने जुलूस निकाल कर पूरे शहर में घुमाते हुए राप्ती नदी के किनारे राजघाट पर उसका अन्तिम संस्कार कर दिया।

इस घटना से आहत होकर भगत सिंह ने जनवरी 1928 के किरती (पंजाबी मासिक) में विद्रोही छद्मनाम नाम से लिखा—फाँसी पर ले जाते समय आपने बड़े जोर से कहा—वन्दे मातरम! भारतमाता की जय! और शान्ति से चलते हुए कहा—मालिक तेरी रजा रहे और तू ही तू रहे, बाकी न मैं रहूँ न मेरी आरजू रहे। जब तक कि तन में जान रगों में लहू रहे, तेरा ही जिक्र और तेरी जुस्तजू रहे! फाँसी के तख्ते पर खड़े होकर आपने कहा—I wish the downfall of British Empire! अर्थात मैं ब्रिटिश साम्राज्य का पतन चाहता हूँ! उसके पश्चात यह शेर कहा-अब न अह्ले-वल्वले हैं और न अरमानों की भीड़, एक मिट जाने की हसरत अब दिले-बिस्मिल में है! फिर ईश्वर के आगे प्रार्थना की और एक मन्त्र पढ़ना शुरू किया। रस्सी खींची गयी। रामप्रसाद जी फाँसी पर लटक गये।

अपने लेख के अन्त में भगत सिंह लिखते हैं—आज वह वीर इस संसार में नहीं है। उसे अंग्रेजी सरकार ने अपना सबसे बड़ा खौफनाक दुश्मन समझा। आम ख्याल यही था कि वह गुलाम देश में जन्म लेकर भी सरकार के लिये बड़ा भारी खतरा बन गया था और लड़ाई की विद्या से खूब परिचित था। आपको मैनपुरी षडयन्त्र के नेता श्री गेंदालाल दीक्षित जैसे शूरवीर ने विशेष तौर पर शिक्षा देकर तैयार किया था। मैनपुरी के मुकदमे के समय आप भागकर नेपाल चले गये थे। अब वही शिक्षा आपकी मृत्यु का कारण बनी। 7 बजे आपकी लाश मिली और बड़ा भारी जुलूस निकला। स्वदेश में प्रकाशित एक समाचार के अनुसार आपकी माता ने कहा था—मैं अपने पुत्र की इस मृत्यु पर प्रसन्न हूँ, दुःखी नहीं। मैं श्री रामचन्द्र जैसा ही पुत्र चाहती थी। वैसा ही मेरा राम था। बोलो श्री रामचन्द्र की जय!

इत्र फुलेल और फूलों की वर्षा के बीच उनकी लाश का जुलूस जा रहा था। दुकानदारों ने उनके शव के ऊपर वेशुमार पैसे फेंके। दोपहर 11 बजे आपकी लाश शमशान-भूमि पहुँची और अन्तिम-क्रिया समाप्त हुई। आपके पत्र का आखिरी हिस्सा आपकी सेवा में प्रस्तुत है—मैं खूब सुखी हूँ। 19 तारीख को प्रातः जो होना है उसके लिये तैयार हूँ। परमात्मा मुझे काफी शक्ति देंगे। मेरा विश्वास है कि मैं लोगों की सेवा के लिये फिर जल्द ही इस देश में जन्म लूँगा। सभी से मेरा नमस्कार कहें। दया कर इतना काम और करना कि मेरी ओर से पण्डित जगतनारायण (सरकारी वकील, जिन्होंने इन्हें फाँसी लगवाने के लिये बहुत जोर लगाया था) को अन्तिम नमस्कार कह देना। उन्हें हमारे खून से लथपथ रुपयों के बिस्तर पर चैन की नींद आये। बुढ़ापे में ईश्वर उन्हें सद्बुद्धि दे।

रामप्रसाद जी की सारी हसरतें दिल-ही-दिल में रह गयीं। आपने एक लम्बा-चौड़ा ऐलान किया है जिसे संक्षेप में हम दूसरी जगह दे रहे हैं। फाँसी से दो दिन पहले सी.आई.डी. के डिप्टी एस.पी. और सेशन जज मि. हैमिल्टन आपसे मिन्नतें करते रहे कि आप मौखिक रूप से सब बातें बता दो। आपको पन्द्रह हजार रुपया नकद दिया जायेगा और सरकारी खर्चे पर विलायत भेजकर बैरिस्टर की पढ़ाई करवाई जायेगी। लेकिन आप कब इन सब बातों की परवाह करते थे। आप तो हुकूमतों को ठुकराने वाले व कभी-कभार जन्म लेने वालों में से थे। मुकदमें के दिनों आपसे जज ने पूछा था—आपके पास कौन सी डिग्री है? तो आपने हँसकर जवाब दिया था-सम्राट बनाने वालों को डिग्री की कोई जरूरत नहीं होती, क्लाइव के पास भी तो कोई डिग्री नहीं थी। आज वह वीर हमारे बीच नहीं है, आह!

1927 में बिस्मिल के साथ 3 अन्य क्रान्तिकारियों के बलिदान ने पूरे हिन्दुस्तान के हृदय को हिलाकर रख दिया। 9 अगस्त 1925 के काकोरी काण्ड के फैसले से उत्पन्न परिस्थितियाँ ने भारतीय स्वतन्त्रता संग्राम की दशा और दिशा दोनों ही बदल दी। समूचे देश में स्थान-स्थान पर चिनगारियों के रूप में नई-नई समितियाँ गठित हो गयीं। बेतिया (बिहार) में फणीन्द्रनाथ का हिन्दुस्तानी सेवा दल, पंजाब में सरदार भगत सिंह की नौजवान सभा तथा लाहौर (अब पाकिस्तान) में सुखदेव की गुप्त समिति के नाम से कई क्रान्तिकारी संस्थाएँ जन्म ले चुकी थीं। हिन्दुस्तान के कोने-कोने में क्रान्ति की आग दावानल की तरह फैल चुकी थी। कानपुर से गणेश शंकर विद्यार्थी का प्रताप व गोरखपुर से दशरथ प्रसाद द्विवेदी का स्वदेश जैसे अखबार इस आग को हवा दे रहे थे।

काकोरी काण्ड के एक प्रमुख क्रान्तिकारी चन्द्रशेखर आजाद, जिन्हें राम प्रसाद बिस्मिल उनके पारे जैसे चंचल स्वभाव के कारण क्विक सिल्वर कहा करते थे, पूरे हिन्दुस्तान में वेश बदल कर घूमते रहे। उन्होंने भिन्न-भिन्न समितियों के प्रमुख संगठनकर्ताओं से सम्पर्क करके सारी क्रान्तिकारी गतिविधियों को एक सूत्र में पिरोने का कार्य किया। 8 व 9 सितम्बर 1928 में फिरोजशाह कोटला दिल्ली में एच. आर. ए., नौजवान सभा, हिन्दुस्तानी सेवा दल व गुप्त समिति का विलय करके एच. एस. आर. ए. नाम से एक नयी क्रान्तिकारी पार्टी का गठन हुआ। इस पार्टी को बिस्मिल के बताये रास्ते पर चलकर ही देश को आजाद कराना था किन्तु ब्रिटिश साम्राज्य के दमन चक्र ने वैसा भी नहीं होने दिया।

30 अक्टूबर 1928 को साइमन कमीशन का विरोध करते हुए लाला लाजपत राय डिप्टी सुपरिण्टेण्डेण्ट जे. पी. साण्डर्स के बर्बर लाठीचार्ज से बुरी तरह घायल हुए और 17 नवम्बर 1928 को उनकी मृत्यु हो गयी। इस घटना से आहत एच. एस. आर. ए. के चार युवकों ने 17 दिसम्बर 1928 को लाहौर जाकर दिन दहाड़े साण्डर्स की हत्या कर दी और फरार हो गये। साण्डर्स हत्याकाण्ड के प्रमुख अभियुक्त सरदार भगत सिंह को पुलिस पंजाब में तलाश रही थी जबकि वह यूरोपियन के वेश में कलकत्ता जाकर बंगाल के क्रान्तिकारियों से बम बनाने की तकनीक और सामग्री जुटाने में लगे हुए थे। दिल्ली से 20 मील दूर ग्रेटर नोएडा एक्सप्रेस वे के निकट स्थित नलगढ़ा गाँव में रहकर भगत सिंह ने दो बम तैयार किये और बटुकेश्वर दत्त के साथ जाकर 8 अप्रैल 1929 को दिल्ली की सेण्ट्रल असेम्बली में उस समय विस्फोट कर दिया जब सरकार जन विरोधी कानून पारित करने जा रही थी। इस

विस्फोट ने बहरी सरकार पर भले ही असर न किया हो परन्तु समूचे देश में अद्भुत जन-जागरण का काम अवश्य किया।

बम विस्फोट के बाद दोनों ने इंकलाब! जिन्दाबाद!! व साम्राज्यवाद! मुर्दाबाद!! के जोरदार नारे लगाये और एच. एस. आर. ए. के पैम्फलेट हवा में उछाल दिये। असेम्बली में मौजूद सुरक्षाकर्मियों-सार्जेण्ट टेरी व इन्स्पेक्टर जॉनसन ने उन्हें वहीं गिरफ्तार करके जेल भेज दिया। यह सनसनीखेज खबर अगले ही दिन समूचे देश में फैल गयी। 4 मई 1929 के अभ्युदय में इलाहाबाद से यह समाचार छपा–एसेम्बली का बम केस–काकोरी केस से इसका सम्बन्ध है। आई. पी. सी. की दफा 307 व एक्सप्लोसिव ऐक्ट की धारा 3 के अन्तर्गत इन दोनों को उम्र-कैद का दण्ड देकर अलग-अलग जेलों में रखा गया। जेल में राजनीतिक बन्दियों जैसी सुविधाओं की माँग करते हुए जब दोनों ने भूख हड़ताल शुरू की तो उन दोनों का सम्बन्ध साण्डर्स-वध से जोड़ते हुए एक और केस कायम किया गया जिसे लाहौर कांस्पिरेसी केस के नाम से जाना जाता है। इस केस में कुल 24 लोग नामजद हुए, इनमें से 5 फरार हो गये, 1 को पहले ही सजा हो चुकी थी, शेष 18 पर केस चला। इनमें से एक-यतीन्द्रनाथ दास की बोर्स्टल जेल लाहौर में लगातार भूख हड़ताल करने से मृत्यु हो गयी, शेष बचे 17 में से 3 को फाँसी, 7 को उम्र-कैद, एक को 7 वर्ष व एक को 5 वर्ष की सजा का हुक्म हुआ। तीन को ट्रिब्यूनल ने रिहा कर दिया। बाकी बचे तीन अभियुक्तों को अदालत ने साक्ष्य न मिलने के कारण छोड़ दिया।

फाँसी की सजा पाये तीनों अभियुक्तों–भगत सिंह, राजगुरु व सुखदेव ने अपील करने से साफ मना कर दिया। अन्य सजायाफ्ता अभियुक्तों में से सिर्फ 3 ने ही प्रिवी कौन्सिल में अपील की। 11 फरवरी 1931 को लन्दन की प्रिवी कौन्सिल में अपील की सुनवाई हुई। अभियुक्तों की ओर से एडवोकेट प्रिन्ट ने बहस की अनुमति माँगी थी किन्तु उन्हें अनुमति नहीं मिली और बहस सुने बिना ही अपील खारिज कर दी गयी। चन्द्रशेखर आजाद ने इनकी सजा कम कराने का काफी प्रयास किया। वे सीतापुर जेल में जाकर गणेश शंकर विद्यार्थी से मिले। विद्यार्थी से परामर्श कर वे इलाहाबाद गये और जवाहरलाल नेहरू से उनके निवास-स्थान आनन्द भवन में भेंट की और उनसे यह आग्रह किया कि वे गान्धी जी पर लॉर्ड इरविन से इन तीनों की फाँसी को उम्र-कैद में बदलवाने के लिये जोर डालें। नेहरू जी ने जब आजाद की बात नहीं मानी तो आजाद ने उनसे काफी देर तक बहस की। इस पर नेहरू ने क्रोधित होकर आजाद को तत्काल वहाँ से चले जाने को कहा। आजाद अपने

तकियाकलाम स्साला के साथ भुनभुनाते हुए नेहरू के ड्राइँग रूम से बाहर निकले और अपनी साइकिल पर बैठकर अल्फ्रेड पार्क की ओर चले गये। अल्फ्रेड पार्क में अपने एक मित्र सुखदेवराज से मन्त्रणा कर ही रहे थे तभी सी. आई. डी. का एस. एस. पी. नॉट बाबर जीप से वहाँ आ पहुँचा। उसके पीछे-पीछे भारी संख्या में कर्नलगंज थाने से पुलिस भी आ गयी। दोनों ओर से हुई भयंकर गोलीबारी में आजाद को वीरगति प्राप्त हुई। यह 27 फरवरी 1931 की घटना है। 23 मार्च 1931 को निर्धारित समय से 13 घण्टे पूर्व भगत सिंह, सुखदेव और राजगुरु को लाहौर की सेण्ट्रल जेल में शाम को 7 बजे फाँसी दे दी गयी। यह जेल मैनुअल के नियमों का खुला उल्लंघन था, पर कौन सुनने वाला था? इन तीनों की फाँसी का समाचार मिलते ही पूरे देश में मारकाट मच गयी। कानपुर में हिन्दू-मुस्लिम दंगा भड़क उठा जिसे शान्त करवाने की कोशिश में क्रान्तिकारियों के शुभचिन्तक गणेश शंकर विद्यार्थी भी शहीद हो गये। इस प्रकार दिसम्बर 1927 से मार्च 1931 तक एक-एक कर देश के 11 नरसिंह आजादी की भेंट चढ़ गये।

उत्तर भारत की क्रान्तिकारी गतिविधियों के अलावा बंगाल की घटनाओं का लेखा-जोखा भी इतिहास में दर्जा है। हिन्दुस्तान रिपब्लिकन एसोसिएशन में बंगाल के भी कई क्रान्तिकारी शामिल थे जिनमें से एक राजेन्द्रनाथ लाहिड़ी को निर्धारित तिथि से 2 दिन पूर्व 17 दिसम्बर 1927 को फाँसी दिये जाने का कारण केवल यह था कि बंगाल के क्रान्तिकारियों ने फाँसी की निश्चित तिथि से एक दिन पूर्व अर्थात् 18 दिसम्बर 1927 को ही उन्हें गोण्डा जेल से छुड़ा लेने की योजना बना ली थी। इसकी सूचना सी. आई. डी. ने ब्रिटिश सरकार को दे दी थी। 13 जनवरी 1928 को मणीन्द्रनाथ बनर्जी ने चन्द्रशेखर आजाद के उकसाने पर अपने सगे चाचा को, जिन्हें काकोरी काण्ड में अहम भूमिका निभाने के पुरस्कारस्वरूप डी. एस. पी. के पद पर प्रोन्नत किया गया था, उन्हीं की सर्विस रिवॉल्वर से मौत के घाट उतार दिया। दिसम्बर 1929 में मछुआ बाजार गली स्थित निरंजन सेनगुप्ता के घर छापा पड़ा, जिसमें 27 क्रान्तिकारियों को गिरफ्तार कर केस कायम हुआ और 5 को कालेपानी की सजा दी गयी। 18 अप्रैल 1930 को मास्टर सूर्य सेन के नेतृत्व में चटगाँव शस्त्रागार लूटने का प्रयास हुआ जिसमें सूर्य सेन व तारकेश्वर दस्तीगार को फाँसी एवं 12 अन्य को उम्र-कैद की सजा हुई। 8 अगस्त 1930 को शुक्ला ने झाँसी के कमिश्नर स्मिथ पर गोली चला दी, उसे मृत्यु-दण्ड मिला। 27 अक्टूबर 1930 को युगान्तर पार्टी के सदस्यों ने सुरेशचन्द्र दास के नेतृत्व में कलकत्ता में तल्ला तहसील की ट्रेजरी लूटने का प्रयास किया, सभी पकड़े गये और कालेपानी की सजा हुई। अप्रैल

1931 में मेमनसिंह डकैती डाली गई जिसमें गोपाल आचार्य, सतीशचन्द्र होमी व हेमेन्द्र चक्रवर्ती को उम्र-कैद की सजा मिली।

इन सब घटनाओं का कांग्रेस पार्टी पर भी व्यापक असर पड़ा। सुभाषचन्द्र बोस जैसे नवयुवक गान्धी जी की नीतियों का मुखर विरोध करने लगे थे। जो गान्धी सन् 1922 से 1927 तक राजनीति के पटल से एकदम अदृश्य हो चुके थे अब वही गान्धी जी राम प्रसाद बिस्मिल व उनके साथियों के बलिदान के बाद फिर से तेवर बदलते हुए कांग्रेस में अपनी मनमर्जी का अध्यक्ष चुनवाने और मनचाही नीतियाँ लागू करवाने लगे थे। उनसे तंग आकर सुभाषचन्द्र बोस ने लगातार दो बार-सन् 1938 के त्रिपुरी व सन् 1939 के हरिपुरा चुनाव में कांग्रेस अध्यक्ष का पद जीत कर गान्धी जी को आइना दिखाने का दुस्साहस किया था। किन्तु गान्धी जी ने कांग्रेस वर्किंग कमेटी में लॉबीइंग करके सुभाष को तंग करना शुरू कर दिया जिससे दुखी होकर उन्होंने कांग्रेस छोड़ दी और फॉरवर्ड ब्लॉक के नाम से अपनी अलग पार्टी बना ली। उसके बाद जब उन्हें लगा कि गान्धी जी सरकार से मिलकर उनके काम में रोड़ा अटकाते ही रहेंगे तो उन्होंने एक दिन हिन्दुस्तान छोड़ दिया और जापान पहुँचकर आई. एन. ए. अर्थात् आजाद हिन्द फौज की कमान सम्हाल ली।

दूसरे विश्व युद्ध में इंग्लैण्ड को बुरी तरह उलझता देख जैसे ही नेताजी ने आजाद हिन्द फौज को दिल्ली चलो का नारा दिया, गान्धी जी ने मौके की नजाकत को भाँपते हुए 8 अगस्त 1942 की रात में ही बम्बई से अँग्रेजों को भारत छोड़ो व भारतीयों को करो या मरो का आदेश जारी किया और सरकारी सुरक्षा में यरवदा (पुणे) स्थित आगा खान पैलेस में चले गये। 9 अगस्त 1942 के दिन इस आन्दोलन को लालबहादुर शास्त्री सरीखे एक छोटे से व्यक्ति ने प्रचण्ड रूप दे दिया। 19 अगस्त,1942 को शास्त्री जी गिरफ्तार हो गये। 9 अगस्त 1925 को ब्रिटिश सरकार का तख्ता पलटने के उद्देश्य से बिस्मिल के नेतृत्व में हिन्दुस्तान प्रजातन्त्र संघ के दस जुझारू कार्यकर्ताओं ने काकोरी काण्ड किया था जिसकी यादगार ताजा रखने के लिये पूरे देश में प्रतिवर्ष 9 अगस्त को काकोरी काण्ड स्मृति-दिवस मनाने की परम्परा भगत सिंह ने प्रारम्भ कर दी थी और इस दिन बहुत बड़ी संख्या में नौजवान एकत्र होते थे। गान्धी जी ने एक सोची-समझी रणनीति के तहत 9 अगस्त 1942 का दिन चुना था।

9 अगस्त 1942 को दिन निकलने से पहले ही काँग्रेस वर्किंग कमेटी के सभी सदस्य गिरफ्तार हो चुके थे और काँग्रेस को गैरकानूनी संस्था घोषित कर दिया गया। गान्धी जी के साथ भारत कोकिला सरोजिनी नायडू को यरवदा (पुणे) के आगा खान

पैलेस में सारी सुविधाओं के साथ, डॉ. राजेन्द्र प्रसाद को पटना जेल में व अन्य सभी सदस्यों को अहमदनगर के किले में नजरबन्द रखने का नाटक ब्रिटिश साम्राज्य ने किया था ताकि जनान्दोलन को दबाने में बल-प्रयोग से इनमें से किसी को कोई हानि न हो। सरकारी आँकड़ों के अनुसार इस जनान्दोलन में 940 लोग मारे गये 1630 घायल हुए, 18000 डी. आई. आर. में नजरबन्द हुए तथा 60229 गिरफ्तार हुए। आन्दोलन को कुचलने के ये आँकड़े दिल्ली की सेण्ट्रल असेम्बली में ऑनरेबुल होम मेम्बर ने पेश किये थे।

सन् 1943 से 1945 तक नेताजी सुभाषचन्द्र बोस ने आजाद हिन्द फौज का नेतृत्व किया। उनके सैनिक सरफरोशी की तमन्ना, अब हमारे दिल में है। देखना है जोर कितना बाजु-ए-कातिल में है? जैसा सम्बोधि-गीत और कदम-कदम बढ़ाये जा, खुशी के गीत गाये जा, ये जिन्दगी है कौम की, तू कौम पे लुटाये जा! सरीखे कौमी-तराने फौजी बैण्ड की धुन के साथ गाते हुए सिंगापुर के रास्ते कोहिमा(नागालैण्ड) तक आ पहुँचे। तभी जापान पर अमरीकी परमाणु हमले के कारण नेताजी को अपनी रणनीति बदलनी पड़ी। वे विमान से रूस जाने की तैयारी में जैसे ही फारमोसा के ताईहोकू एयरबेस से उड़े कि 18 अगस्त 1945 को उनके 97-2 मॉडल हैवी बॉम्बर प्लेन में आग लग गयी। उन्हें घायल अवस्था में ताईहोकू आर्मी हॉस्पिटल ले जाया गया जहाँ रात 9 बजे उनकी मृत्यु हो गयी।

नेताजी की मौत और आजाद हिन्द फौज के अधिकारियों पर मुकदमे की खबर ने पूरे हिन्दुस्तान में तूफान मचा दिया। इसके फलस्वरूप दूसरे विश्वयुद्ध के बाद बम्बई बन्दरगाह पर उतरे नौ-सैनिकों ने बगावत कर दी। 18 फरवरी 1946 को बम्बई से शुरू हुआ यह नौ-सैनिक विद्रोह देश के सभी बन्दरगाहों व महानगरों में फैल गया। 21 फरवरी 1946 को ब्रिटिश आर्मी ने बम्बई पहुँच कर हमारे नौ-सैनिकों पर गोलियाँ चलायीं जिसके परिणामस्वरूप केवल 22 फरवरी 1946 को ही 228 लोग मारे गये तथा 1046 घायल हुए। यह उस समय का सबसे भयंकर दमन था जो क्रूर ब्रिटिश सरकार ने हिन्दुस्तान में किया।

भारतवर्ष को ब्रिटिश साम्राज्य से मुक्त कराने में यूँ तो असंख्य वीरों ने अपना अमूल्य बलिदान दिया परन्तु राम प्रसाद बिस्मिल एक ऐसे अद्भुत क्रान्तिकारी थे जिन्होंने अत्यन्त निर्धन परिवार में जन्म लेकर साधारण शिक्षा के बावजूद असाधारण प्रतिभा और अखण्ड पुरुषार्थ के बल पर हिन्दुस्तान प्रजातन्त्र संघ के नाम से देशव्यापी संगठन खड़ा किया जिसमें एक-से-बढ़कर एक तेजस्वी व मनस्वी नवयुवक शामिल थे जो उनके एक इशारे पर इस देश की व्यवस्था में आमूल परिवर्तन कर सकते थे

किन्तु अहिंसा की दुहाई देकर उन्हें एक-एक करके मिटाने का क्रूरतम षडयन्त्र जिन्होंने किया उन्हीं का चित्र भारतीय पत्र मुद्रा पर दिया जाता है। जबकि अमरीका में एक व दो अमरीकी डॉलर पर आज भी जॉर्ज वाशिंगटन का ही चित्र छपता है जिसने अमरीका को अँग्रेजों से मुक्त कराने में प्रत्यक्ष रूप से आमने-सामने युद्ध लड़ा था।

बिस्मिल की पहली पुस्तक सन् 1916 में छपी थी जिसका नाम था-अमेरिका की स्वतन्त्रता का इतिहास। बिस्मिल के जन्म शताब्दी वर्षः 1996-1997 में यह पुस्तक स्वतन्त्र भारत में फिर से प्रकाशित हुई जिसका विमोचन भारत के पूर्व प्रधानमन्त्री अटल बिहारी वाजपेयी ने किया। उस कार्यक्रम में राष्ट्रीय स्वयंसेवक संघ के तत्कालीन सरसंघचालक प्रो. राजेन्द्र सिंह (रज्जू भैया) भी उपस्थित थे। इस सम्पूर्ण ग्रन्थावली में बिस्मिल की लगभग दो सौ प्रतिबन्धित कविताओं के अतिरिक्त पाँच पुस्तकें भी शामिल की गयी थीं। परन्तु आज तक किसी भी सरकार ने बिस्मिल के क्रान्ति-दर्शन को समझने व उस पर शोध करवाने का प्रयास ही नहीं किया। जबकि गान्धी जी द्वारा 1909 में विलायत से हिन्दुस्तान लौटते समय पानी के जहाज पर लिखी गयी पुस्तक हिन्द स्वराज पर अनेकों संगोष्ठियाँ हुईं। बिस्मिल सरीखे असंख्य शहीदों के सपनों का भारत बनाने की आवश्यकता है।

भगत सिंह

भगत सिंह का जन्म 28 सितम्बर 1907 ई. को हुआ था। वे भारत के एक प्रमुख स्वतंत्रता सेनानी थे। भगत सिंह ने देश की आजादी के लिए जिस साहस के साथ शक्तिशाली ब्रिटिश सरकार का मुकाबला किया, वह आज के युवकों के लिए एक बहुत बड़ा आदर्श है। इन्होंने केन्द्रीय संसद (सेण्ट्रल असेम्बली) में बम फेंककर भी भागने से मना कर दिया। जिसके फलस्वरूप इन्हें 23 मार्च 1931 को इनके दो अन्य साथियों, राजगुरु तथा सुखदेव के साथ फाँसी पर लटका दिया गया। सारे देश ने उनके बलिदान को बड़ी गम्भीरता से याद किया। पहले लाहौर में साण्डर्स-वध और उसके बाद दिल्ली की केन्द्रीय असेम्बली में चन्द्रशेखर आजाद व पार्टी के अन्य सदस्यों के साथ बम-विस्फोट करके ब्रिटिश साम्राज्य के विरुद्ध खुले विद्रोह को बुलन्दी प्रदान की। इन सभी बम धमाकों के लिए उन्होंने वीर सावरकर के क्रांतिदल अभिनव भारत की भी सहायता ली और इसी दल से बम बनाने के गुर सीखे।

ऐसा कम होता है कि एक क्रान्तिकारी दूसरे क्रान्तिकारी की छवि का वर्णन करे और दोनों ही शहीद हो जायें। रामप्रसाद बिस्मिल 19 दिसम्बर 1927 को शहीद

हुए, उससे पहले मई 1927 में भगत सिंह ने किरती में काकोरी के वीरों से परिचय लेख लिखा। उन्होंने बिस्मिल के बारे में लिखा–ऐसे नौजवान कहाँ से मिल सकते हैं? आप युद्ध विद्या में बड़े कुशल हैं और आज उन्हें फाँसी का दण्ड मिलने का कारण भी बहुत हद तक यही है। इस वीर को फाँसी का दण्ड मिला और आप हँस दिये। ऐसा निर्भीक वीर, ऐसा सुन्दर जवान, ऐसा योग्य व उच्चकोटि का लेखक और निर्भय योद्धा मिलना कठिन है। सन् 1922 से 1927 तक रामप्रसाद बिस्मिल ने एक लम्बी वैचारिक यात्रा पूरी की। उनके आगे की कड़ी थे भगत सिंह।

भगत सिंह का जन्म 28 सितंबर 1907 में हुआ था। उनके पिता का नाम सरदार किशन सिंह और माता का नाम विद्यावती कौर था। यह एक सिख परिवार था जिसने आर्य समाज के विचार को अपना लिया था। उनके परिवार पर आर्य समाज व महर्षि दयानन्द की विचारधारा का गहरा प्रभाव था! अधिकांश क्रांतिकारियों को देश प्रेम की प्रेरणा महर्षि दयानन्द के साहित्य व आर्य समाज से मिली! अमृतसर में 13 अप्रैल 1919 को हुए जलियाँवाला बाग हत्याकाण्ड ने भगत सिंह की सोच पर गहरा प्रभाव डाला था। लाहौर के नेशनल कॉलेज की पढ़ाई छोड़कर भगत सिंह ने भारत की आजादी के लिये नौजवान भारत सभा की स्थापना की थी। काकोरी काण्ड में राम प्रसाद बिस्मिल सहित 4 क्रान्तिकारियों को फाँसी व 16 अन्य को कारावास की सजाओं से भगत सिंह इतने अधिक उद्विग्न हुए कि पण्डित चन्द्रशेखर आजाद के साथ उनकी पार्टी हिन्दुस्तान रिपब्लिकन एसोसिएशन से जुड़ गये और उसे एक नया नाम दिया हिन्दुस्तान सोशलिस्ट रिपब्लिकन एसोसिएशन। इस संगठन का उद्देश्य सेवा, त्याग और पीड़ा झेल सकने वाले नवयुवक तैयार करना था। भगत सिंह ने राजगुरु के साथ मिलकर 17 दिसम्बर 1928 को लाहौर में सहायक पुलिस अधीक्षक रहे अंग्रेज अधिकारी जे. पी. सांडर्स को मारा था। इस कार्रवाई में क्रान्तिकारी चन्द्रशेखर आजाद ने उनकी पूरी सहायता की थी। क्रान्तिकारी साथी बटुकेश्वर दत्त के साथ मिलकर भगत सिंह ने वर्तमान नई दिल्ली स्थित ब्रिटिश भारत की तत्कालीन सेण्ट्रल एसेम्बली के सभागार संसद भवन में 8 अप्रैल 1929 को अंग्रेज सरकार को जगाने के लिये बम और पर्चे फेंके थे। बम फेंकने के बाद वहीं पर दोनों ने अपनी गिरफ्तारी भी दी।

उस समय भगत सिंह करीब 12 वर्ष के थे जब जलियाँवाला बाग हत्याकाण्ड हुआ था। इसकी सूचना मिलते ही भगत सिंह अपने स्कूल से 12 मील पैदल चलकर जलियाँवाला बाग पहुँच गये। इस उम्र में भगत सिंह अपने चाचाओं की क्रान्तिकारी किताबें पढ़ कर सोचते थे कि इनका रास्ता सही है कि नहीं? गांधी जी का असहयोग

आन्दोलन छिड़ने के बाद वे गान्धी जी के अहिंसात्मक तरीकों और क्रान्तिकारियों के हिंसक आन्दोलन में से अपने लिये रास्ता चुनने लगे। गान्धी जी के असहयोग आन्दोलन को रद्द कर देने के कारण देश के तमाम नवयुवकों की भाँति उनमें भी रोष हुआ और अन्ततः उन्होंने देश की स्वतन्त्रता के लिये क्रान्ति का मार्ग अपनाना अनुचित नहीं समझा। उन्होंने जुलूसों में भाग लेना प्रारम्भ किया तथा कई क्रान्तिकारी दलों के सदस्य बने। कुछ समय बाद भगत सिंह करतार सिंह साराभा के संपर्क में आये जिन्होंने भगत सिंह को क्रांतिकारी गतिविधियों में शामिल होने की सलाह दी और साथ ही वीर सावरकर की किताब 1857 प्रथम स्वतंत्रता संग्राम पढने के लिए दी, भगत सिंह इस किताब से बहुत प्रभावित हुए और उन्होंने इस किताब के बाकी संस्करण भी छापने के लिए सहायता प्रदान की, जून 1924 में भगत सिंह वीर सावरकर से येरवडा जेल में मिले और क्रांति की पहली गुरुशिक्षा ग्रहण की, यहीं से भगत सिंह के जीवन में क्रांतिकारी परिवर्तन आया, उन्होंने सावरकर जी के कहने पर आजाद जी से मुलाकात की और उनके दल में शामिल हुए। बाद में वे अपने दल के प्रमुख क्रान्तिकारियों के प्रतिनिधि भी बने। उनके दल के प्रमुख क्रान्तिकारियों में चन्द्रशेखर आजाद, भगवतीचरण व्होरा, सुखदेव, राजगुरु इत्यादि थे। काकोरी काण्ड में 4 क्रान्तिकारियों को फाँसी व 16 अन्य को कारावास की सजाओं से भगत सिंह इतने अधिक उद्विग्न हुए कि उन्होंने 1928 में अपनी पार्टी नौजवान भारत सभा का हिन्दुस्तान रिपब्लिकन एसोसिएशन में विलय कर दिया और उसे एक नया नाम दिया हिन्दुस्तान सोशलिस्ट रिपब्लिकन एसोसिएशन।

1928 में साइमन कमीशन के बहिष्कार के लिये भयानक प्रदर्शन हुए। इन प्रदर्शनों मे भाग लेने वालों पर अंग्रेजी शासन ने लाठी चार्ज भी किया। इसी लाठी चार्ज से आहत होकर लाला लाजपत राय की मृत्यु हो गयी। अब इनसे रहा न गया। एक गुप्त योजना के तहत इन्होंने पुलिस सुपरिण्टेण्डेण्ट स्कॉट को मारने की योजना सोची। सोची गयी योजना के अनुसार भगत सिंह और राजगुरु लाहौर कोतवाली के सामने व्यस्त मुद्रा में टहलने लगे। उधर जयगोपाल अपनी साइकिल को लेकर ऐसे बैठ गये जैसे कि वो खराब हो गयी हो। गोपाल के इशारे पर दोनों सचेत हो गये। उधर चन्द्रशेखर आजाद पास के डी. ए. वी. स्कूल की चहारदीवारी के पास छिपकर घटना को अंजाम देने में रक्षक का काम कर रहे थे।

17 दिसम्बर 1928 को करीब सवा चार बजे, स्कॉट की जगह, ए. एस. पी. सॉण्डर्स के आते ही राजगुरु ने एक गोली सीधी उसके सर में मारी जिसके तुरन्त बाद वह होश खो बैठा। इसके बाद भगत सिंह ने 3-4 गोली दाग कर उसके मरने

का पूरा इन्तजाम कर दिया। ये दोनों जैसे ही भाग रहे थे कि एक सिपाही चनन सिंह ने इनका पीछा करना शुरू कर दिया। चन्द्रशेखर आजाद ने उसे सावधान किया-आगे बढ़े तो गोली मार दूँगा। नहीं मानने पर आजाद ने उसे गोली मार दी। इस तरह इन लोगों ने लाला लाजपत राय की मौत का बदला ले लिया।

हालांकि भगत सिंह रक्तपात के पक्षधर नहीं थे परन्तु वे कार्ल मार्क्स के सिद्धान्तों से पूरी तरह प्रभावित थे। यही नहीं, वे समाजवाद के पक्के पोषक भी थे। इसी कारण से उन्हें पूँजीपतियों की मजदूरों के प्रति शोषण की नीति पसन्द नहीं आती थी। उस समय चूँकि अँग्रेज ही सर्वेसर्वा थे तथा बहुत कम भारतीय उद्योगपति उन्नति कर पाये थे, अतः अँग्रेजों के मजदूरों के प्रति अत्याचार से उनका विरोध स्वाभाविक था। मजदूर विरोधी ऐसी नीतियों को ब्रिटिश संसद में पारित न होने देना उनके दल का निर्णय था। सभी चाहते थे कि अँग्रेजों को पता चलना चाहिये कि हिन्दुस्तानी जाग चुके हैं और उनके हृदय में ऐसी नीतियों के प्रति आक्रोश है। ऐसा करने के लिये ही उन्होंने दिल्ली की केन्द्रीय एसेम्बली में बम फेंकने की योजना बनायी थी।

भगत सिंह चाहते थे कि इसमें कोई खून खराबा न हो और अँग्रेजों तक उनकी आवाज भी पहुँचे। हालाँकि प्रारम्भ में उनके दल के सब लोग ऐसा नहीं सोचते थे पर अन्त में सर्वसम्मति से भगत सिंह तथा बटुकेश्वर दत्त का नाम चुना गया। निर्धारित कार्यक्रम के अनुसार 8 अप्रैल 1929 को केन्द्रीय असेम्बली में इन दोनों ने एक ऐसे स्थान पर बम फेंका जहाँ कोई मौजूद न था, अन्यथा उसे चोट लग सकती थी। पूरा हॉल धुएँ से भर गया। भगत सिंह चाहते तो भाग भी सकते थे पर उन्होंने पहले ही सोच रखा था कि उन्हें दण्ड स्वीकार है चाहे वह फाँसी ही क्यों न हो, अतः उन्होंने भागने से मना कर दिया। उस समय वे दोनों खाकी कमीज तथा निकर पहने हुए थे। बम फटने के बाद उन्होंने इंकलाब!-जिन्दाबाद!! साम्राज्यवाद!-मुर्दाबाद!! का नारा लगाया और अपने साथ लाये हुए पर्चे हवा में उछाल दिये। इसके कुछ ही देर बाद पुलिस आ गयी और दोनों को गिरफ्तार कर लिया गया।

जेल में भगत सिंह ने करीब 2 साल रहे। इस दौरान वे लेख लिखकर अपने क्रान्तिकारी विचार व्यक्त करते रहे। जेल में रहते हुए उनका अध्ययन बराबर जारी रहा। उनके उस दौरान लिखे गये लेख व सगे सम्बन्धियों को लिखे गये पत्र आज भी उनके विचारों के दर्पण हैं। अपने लेखों में उन्होंने कई तरह से पूँजीपतियों को अपना शत्रु बताया है। उन्होंने लिखा कि मजदूरों का शोषण करने वाला चाहे एक भारतीय ही क्यों न हो, वह उनका शत्रु है। उन्होंने जेल में अंग्रेजी में एक लेख भी लिखा जिसका शीर्षक था मैं नास्तिक क्यों हूँ? जेल में भगत सिंह व उनके साथियों

ने 64 दिनों तक भूख हड़ताल की। उनके एक साथी यतीन्द्रनाथ दास ने तो भूख हड़ताल में अपने प्राण ही त्याग दिये थे।

23 मार्च 1931 को शाम में करीब 7 बजकर 33 मिनट पर भगत सिंह तथा इनके दो साथियों सुखदेव व राजगुरु को फाँसी दे दी गई। फाँसी पर जाने से पहले वे लेनिन की नहीं बल्कि राम प्रसाद बिस्मिल की जीवनी पढ़ रहे थे जो सिन्ध (वर्तमान पाकिस्तान का एक सूबा) के एक प्रकाशक भजन लाल बुकसेलर ने आर्ट प्रेस, सिन्ध से छापी थी। कहा जाता है कि जेल के अधिकारियों ने जब उन्हें यह सूचना दी कि उनके फाँसी का वक्त आ गया है तो उन्होंने कहा था- ठहरिये! पहले एक क्रान्तिकारी दूसरे से मिल तो ले। फिर एक मिनट बाद किताब छत की ओर उछाल कर बोले-ठीक है अब चलो।

फाँसी पर जाते समय वे तीनों मस्ती से गा रहे थे–

मेरा रंग दे बसन्ती चोला, मेरा रंग दे,
मेरा रंग दे बसन्ती चोला। माय रंग दे बसन्ती चोला।।

फाँसी के बाद कहीं कोई आन्दोलन न भड़क जाये इसके डर से अंग्रेजों ने पहले इनके मृत शरीर के टुकड़े किये फिर इसे बोरियों में भरकर फिरोजपुर की ओर ले गये जहाँ घी के बदले मिट्टी का तेल डालकर ही इनको जलाया जाने लगा। गाँव के लोगों ने आग जलती देखी तो करीब आये। इससे डरकर अंग्रेजों ने इनकी लाश के अधजले टुकड़ों को सतलुज नदी में फेंका और भाग गये। जब गाँव वाले पास आये तब उन्होंने इनके मृत शरीर के टुकड़ो कों एकत्रित कर विधिवत दाह संस्कार किया। और भगत सिंह हमेशा के लिये अमर हो गये। इसके बाद लोग अंग्रेजों के साथ-साथ गान्धी को भी इनकी मौत का जिम्मेवार समझने लगे। इस कारण जब गान्धी कांग्रेस के लाहौर अधिवेशन में हिस्सा लेने जा रहे थे तो लोगों ने काले झण्डों के साथ गान्धीजी का विरोध किया। एकाध जगह पर गान्धी पर हमला भी हुआ, किन्तु सादी वर्दी में उनके साथ चल रही पुलिस ने बचा लिया।

शचींद्रनाथ सान्याल

शचींद्रनाथ सान्याल (जन्म 1893, वाराणसी में-मृत्यु 1942, गोरखपुर में) क्वींस कॉलेज (बनारस) में अपने अध्ययनकाल में उन्होंने काशी के प्रथम क्रांतिकारी दल का गठन 1908 में किया। 1913 में फ्रेंच बस्ती चंदननगर में सुविख्यात क्रांतिकारी रासविहारी बोस से उनकी मुलाकात हुई। कुछ ही दिनों में काशी केंद्र का चंदननगर दल में विलय हो गया ओर रासबिहारी काशी आकर रहने लगे।

क्रमशः काशी उत्तर भारत में क्रांति का केंद्र बन गई। 1914 में प्रथम महायुद्ध छिड़ने पर सिक्खों के दल ब्रिटिश शासन समाप्त करने के लिए अमरीका और कनाडा से स्वदेश प्रत्यावर्तन करने लगे। रासबिहारी को वे पंजाब ले जाना चाहते थे। उन्होंने शचींद्र को सिक्खों से संपर्क करने, स्थिति से परिचित होने और प्रारंभिक संगठन करने के लिए लुधियाना भेजा। कई बार लाहौर, लुधियाना आदि होकर शचींद्र काशी लौटे और रासबिहारी लाहौर गए। लाहौर के सिक्ख रेजिमेंटों ने 21 फरवरी 1915 को विद्रोह शुरू करने का निश्चय कर लिया। काशी के एक सिक्ख रेजिमेंट ने भी विद्रोह शुरू होने पर साथ देने का वादा किया।

योजना विफल हुई, बहुतों को फाँसी पर चढ़ना पड़ा और चारों ओर धर पकड़ शुरू हो गई। रासबिहारी काशी लौटे। नई योजना बनने लगी। तत्कालीन होम मेंबर सर रेजिनाल्ड क्रेडक की हत्या के आयोजन के लिए शचींद्र को दिल्ली भेजा गया। यह कार्य भी असफल रहा। रासबिहारी को जापान भेजना तय हुआ। 12 मई 1915 को गिरजा बाबू और शचींद्र ने उन्हें कलकत्ते के बंदरगाह पर छोड़ा। दो तीन महीने बाद काशी लौटने पर शचींद्र गिरफ्तार कर लिए गए। लाहौर षडयंत्र मामले की शाखा के रूप में बनारस पूरक षडयंत्र केस चला और शचींद्र को आजन्म कालेपानी की सजा मिली।

युद्धोपरांत शाही घोषणा के परिणामस्वरूप फरवरी, 1920 में वारींद्र, उपेंद्र आदि के साथ शचींद्र रिहा हुए। 1921 में नागपुर कांग्रेस में राजबंदियों के प्रति सहानुभूति का एक संदेश भेजा गया। विषय-निर्वाचन-समिति के सदस्य के रूप में शचींद्र ने इस प्रस्ताव का अनुमोदन करते हुए एक भाषण किया।

क्रांतिकारियों ने गांधी जी को सत्याग्रह आंदोलन के समय एक वर्ष तक अपना कार्य स्थगित रखने का वचन दिया था। चौरी-चौरा कांड के बाद सत्याग्रह वापस लिए जाने पर, उन्होंने पुनः क्रांतिकारी संगठन का कार्य शुरू कर दिया। 1923 के प्रारंभ में रावलपिंडी से लेकर दानापुर तक लगभग 25 केंद्रों की उन्होंने स्थापना कर ली थी। इस दौरान लाहौर में तिलक स्कूल ऑव पॉलिटिक्स के कुछ छात्रों से उनका संपर्क हुआ। इन छात्रों में सरदार भगत सिंह भी थे। भगत सिंह को उन्होंने दल में शामिल कर लिया और उन्हें कानपुर भेजा। इसी समय उन्होंने कलकत्ते में यतींद्र दास को चुन लिया। यह वही यतींद्र हैं, जिन्होंने लाहौर षडयंत्र केस में भूख हड़ताल से अपने जीवन का बलिदान किया। 1923 में ही कौंसिल प्रवेश के प्रश्न पर दिल्ली में कांग्रेस का विशेष अधिवेशन हुआ। इस अवसर पर शचींद्र ने देशवासियों के नाम एक अपील निकाली, जिसपर कांग्रेस महासमिति के अनेक सदस्यों ने हस्ताक्षर किए। कांग्रेस

से अपना ध्येय बदलकर पूर्ण स्वतंत्रता लिए जाने का प्रस्ताव था। इसमें एशियाई राष्ट्रों के संघ के निर्माण का सुझाव भी दिया गया। अमेरिकन पत्र 'न्यू रिपब्लिक' ने अपील ज्यों की त्यों छाप दी, जिसकी एक प्रति रासबिहारी ने जापान से शचींद्र को भेजी। इस अधिवेशन के अवसर पर ही कुतुबद्दीन अहमद उनके पास मानवेंद्र राय का एक संदेश ले आए, जिसमें उन्हें कम्युनिस्ट अंतरराष्ट्रीय संघ की तीसरी बैठक में शामिल होने को आमंत्रित किया गया था।

इसके कुछ ही दिनों बाद उन्होंने अपने दल का नामकरण किया हिंदुस्तान रिपब्लिकन एसोसिएशन। उन्होंने इसका जो संविधान तैयार किया, उसका लक्ष्य था सुसंगठित और सशस्त्र क्रांति द्वारा भारतीय लोकतंत्र संघ की स्थापना। कार्यक्रम में खुले तौर पर काम और गुप्त संगठन दोनों शामिल थे। क्रांतिकारी साहित्य के सृजन पर विशेष बल दिया गया था। समाजवादी व्यवस्था की स्थापना के बारे में भी इसमें प्रचुर इंगित था। संविधान के शब्दों में इस प्रजातंत्र संघ में उन सब व्यवस्थाओं का अंत कर दिया जाएगा जिनसे किसी एक मनुष्य द्वारा दूसरे का शोषण हो सकने का अवसर मिल सकता है। विदेशों में भारतीय क्रांतिकारियों के साथ घनिष्ठ संबंध रखना भी कार्यक्रम का एक अंग था। बेलगाँव कांग्रेस के अधिवेशन में गांधी जी ने क्रांतिकारियों की जो आलोचना की थी, उसके प्रत्युत्तर में शचींद्र ने महात्मा जी को एक पत्र लिखा। गांधी जी ने यंग इंडिया के 12 फरवरी 1925 के अंक में इस पत्र को ज्यों का त्यों प्रकाशित कर दिया और साथ ही अपना उत्तर भी।

लगभग इसी समय सूर्यकांत सेन के नेतृत्व में चटगाँव दल का, शचींद्र के प्रयत्न से, हिंदुस्तान रिपब्लिकन एसोसिएशन से संबंध हो गया। शचींद्र बंगाल आर्डिनेंस के अधीन गिरफ्तार कर लिए गए। उनकी गिरफ्तारी के पहले दि रिवॉलूशनरी नाम का पर्चा पंजाब से लेकर बर्मा तक बँटा। इस पर्चे के लेखक और प्रकाशक के रूप में बाँकुड़ा में शचींद्र पर मुकदमा चला और राजद्रोह के अपराध में उन्हें दो वर्ष के कारावास का दंड मिला। कैद की हालत में ही वे काकोरी षडयंत्र केस में शामिल किए गए और संगठन के प्रमुख नेता के रूप में उन्हें पुनः अप्रैल, 1927 में आजीवन कारावास की सजा दी गई।

1937 में संयुक्त प्रदेश में कांग्रेस मंत्रिमंडल की स्थापना के बाद अन्य क्रांतिकारियों के साथ वे रिहा किए गए। रिहा होने पर कुछ दिनों वे कांग्रेस के प्रतिनिधि थे, परंतु बाद को वे फारवर्ड ब्लाक में शामिल हुए। इसी समय काशी में उन्होंने अग्रगामी नाम से एक दैनिक पत्र निकाला। वह स्वयं इसस पत्र के संपादक थे। द्वितीय महायुद्ध छिड़ने के कोई साल भर बाद 1940 में उन्हें पुनः नजरबंद कर

राजस्थान के देवली शिविर में भेज दिया गया। वहाँ यक्ष्मा रोग से आक्रांत होने पर इलाज के लिए उन्हें रिहा कर दिया गया। परंतु बीमारी बढ़ गई और 1942 में उनकी मृत्यु हो गई।

क्रांतिकारी आंदोलन को बौद्धिक नेतृत्व प्रदान करना उनका विशेष कृतित्व था। उनका दृढ़ मत था कि विशिष्ट दार्शनिक सिद्धांत के बिना कोई आंदोलन सफल नहीं हो सकता। विचारविनिमय नामक अपनी पुस्तक में उन्होंने अपना दार्शनिक दृष्टिकोण किसी अंश तक प्रस्तुत किया है। साहित्य, समाज और धर्म में भी उनके अपने विशेष दार्शनिक दृष्टिकोण का और प्रबल धर्मानुराण का भी परिचय मिलता है।

अशफाक उल्ला खाँ

अशफाक उल्ला खाँ, भारतीय स्वतन्त्रता संग्राम के एक प्रमुख क्रान्तिकारी थे। उन्होंने काकोरी काण्ड में महत्वपूर्ण भूमिका निभायी। ब्रिटिश शासन ने उनके ऊपर अभियोग चलाया और 19 दिसम्बर सन् 1927 को उन्हें फैजाबाद जेल में फाँसी पर लटका कर मार दिया गया। राम प्रसाद बिस्मिल की भाँति अशफाक उल्ला खाँ भी उर्दू भाषा के बेहतरीन शायर थे। उनका उर्दू तखल्लुस, जिसे हिन्दी में उपनाम कहते हैं, हसरत था। उर्दू के अतिरिक्त वे हिन्दी व अँग्रेजी में लेख एवं कवितायें भी लिखा करते थे। उनका पूरा नाम अशफाक उल्ला खाँ वारसी हसरत था। भारतीय स्वतन्त्रता संग्राम के सम्पूर्ण इतिहास में बिस्मिल और अशफाक की भूमिका निर्विवाद रूप से हिन्दू-मुस्लिम एकता का अनुपम आख्यान है।

अशफाक उल्ला खाँ का जन्म उत्तर प्रदेश के शहीदगढ़ शाहजहाँपुर में रेलवे स्टेशन के पास स्थित कदनखैल जलालनगर मुहल्ले में 22 अक्टूबर 1900 को हुआ था। उनके पिता का नाम मोहम्मद शफीक उल्ला खाँ था। उनकी माँ मजहूरुन्निशाँ बेगम बला की खूबसूरत खबातीनों (स्त्रियों) में गिनी जाती थीं। अशफाक ने स्वयं अपनी डायरी में लिखा है कि जहाँ एक ओर उनके बाप-दादों के खानदान में एक भी ग्रेजुएट होने तक की तालीम न पा सका वहीं दूसरी ओर उनकी ननिहाल में सभी लोग उच्च शिक्षित थे। उनमें से कई तो डिप्टी कलेक्टर व एस. जे. एम. (सब जुडीशियल मैजिस्ट्रेट) के ओहदों पर मुलाजिम भी रह चुके थे। 1857 के गदर में उन लोगों (उनके ननिहाल वालों) ने जब हिन्दुस्तान का साथ नहीं दिया तो जनता ने गुस्से में आकर उनकी आलीशान कोठी को आग के हवाले कर दिया था। वह कोठी आज भी पूरे शहर में जली कोठी के नाम से मशहूर है। बहरहाल अशफाक ने अपनी

कुरबानी देकर ननिहाल वालों के नाम पर लगे उस बदनुमा दाग को हमेशा-हमेशा के लिये धो डाला।

अशफाक अपने भाई-बहनों में सबसे छोटे थे। सब उन्हें प्यार से अच्छू कहते थे। एक रोज उनके बड़े भाई रियासत उल्ला ने अशफाक को बिस्मिल के बारे में बताया कि वह बड़ा काबिल सख्श है और आला दर्जे का शायर भी, गोया आजकल मैनपुरी काण्ड में गिरफ्तारी की वजह से शाहजहाँपुर में नजर नहीं आ रहा। काफी अर्से से फरार है खुदा जाने कहाँ और किन हालात में बसर करता होगा। बिस्मिल उनका सबसे उम्दा क्लासफेलो है। अशफाक तभी से बिस्मिल से मिलने के लिये बेताव हो गये। वक्त गुजरा। 1920 में आम मुआफी के बाद राम प्रसाद बिस्मिल अपने वतन शाहजहाँपुर आये आरै घरेलू कारोबार में लग गये। अशफाक ने कई बार बिस्मिल से मुलाकात करके उनका विश्वास अर्जित करना चाहा परन्तु कामयाबी नहीं मिली। एक रोज रात को खन्नौत नदी के किनारे सुनसान जगह में मीटिंग हो रही थी अशफाक वहाँ जा पहुँचे। बिस्मिल के एक शेर पर जब अशफाक ने आमीन कहा तो बिस्मिल ने उन्हें पास बुलाकर परिचय पूछा। यह जानकर कि अशफाक उनके क्लासफेलो रियासत उल्ला का सगा छोटा भाई है और उर्दू जुबान का शायर भी है, बिस्मिल ने उससे आर्य समाज मन्दिर में आकर अलग से मिलने को कहा। घर वालों के लाख मना करने पर भी अशफाक आर्य समाज जा पहुँचे और राम प्रसाद बिस्मिल से काफी देर तक गुफ्तगू करने के बाद उनकी पार्टी मातृवेदी के ऐक्टिव मेम्बर भी बन गये। यहीं से उनकी जिन्दगी का नया फलसफा शुरू हुआ। वे शायर के साथ-साथ कौम के खिदमतगार भी बन गये।

अशफाक बहुत दूरदर्शी थे उन्होंने राम प्रसाद बिस्मिल को यह सलाह दी कि क्रान्तिकारी गतिविधियाँ के साथ-साथ कांग्रेस पार्टी में भी अपनी पैठ बनाकर रखना हमारी कामयाबी में मददगार ही साबित होगा। बहरहाल अशफाक व बिस्मिल के साथ शाहजहाँपुर के और भी कई नवयुवक कांग्रेस में शामिल हुए और पार्टी को कौमी ताकत अता की। 1921 की अहमदाबाद कांग्रेस में राम प्रसाद बिस्मिल व प्रेमकृष्ण खन्ना के साथ अशफाक भी शामिल हुए। अधिवेशन में उनकी मुलाकात मौलाना हसरत मोहानी से हुई जो कांग्रेस के वरिष्ठ शरमायेदारों में शुमार किये जाते थे। मौलाना हसरत मोहानी द्वारा प्रस्तुत पूर्ण स्वराज के प्रस्ताव का जब गान्धी जी ने विरोध किया तो शाहजहाँपुर के कांग्रेसी स्वयंसेवकों ने गान्धी की डटकर मुखालफत की और खूब हंगामा मचाया। आखिरकार गान्धी जी को न चाहते हुए भी वह प्रस्ताव स्वीकार

करना ही पड़ा। इसी प्रकार दिसम्बर 1922 की गया कांग्रेस में भी नवयुवकों द्वारा गान्धी की जमकर खिंचायी की गयी। इसमें बंगाल, बिहार व उत्तर प्रदेश के नवयुवक एक हो गये। उन सबका गान्धी से एक ही सवाल था–आपने किससे पूछकर असहयोग आन्दोलन वापस लिया?

1922 की गया कांग्रेस के बाद पार्टी में दो दल बन गये एक धनाढय लोगों का दूसरा आम तबके से आये हुए नवयुवकों का। पहले वाले दल ने 1 जनवरी 1923 को स्वराज पार्टी बना ली दूसरे दल ने क्रान्तिकारी पार्टी के गठन का मन बना लिया। बंगाल के कुछ नवयुवक सीधे शाहजहाँपुर आकर मैनपुरी षडयन्त्र के अनुभवी क्रान्तिकारी पण्डित राम प्रसाद बिस्मिल से मिले और उनसे नयी पार्टी के गठन में सहयोग करने का आग्रह किया। बिस्मिल उन दिनों सिल्क की साड़ियों के व्यापार में उलझे हुए थे उनके पास समय नहीं था। इस पर अशफाक ने उन्हें समझाया और अपनी ओर से पूरा सहयोग करने का वचन दिया। उसके बाद ही बिस्मिल ने अपने साझीदार बनारसी लाल को सारा कारोवार सौंप दिया और पूरे मन से अशफाक और बिस्मिल क्रान्तिकारी पार्टी के काम में जुट गये। पार्टी की ओर से 1 जनवरी 1925 को अँग्रेजी में छापे गये घोषणा पत्र दि रिवोलूशनरी को पूरे उत्तर प्रदेश के प्रत्येक जिले तक पहुँचाने में अशफाक की सराहनीय भूमिका को देखते हुए एच.आर.ए. की केन्द्रीय कार्यकारिणी के सदस्य योगेश चन्द्र चटर्जी ने अशफाक को बिस्मिल का सहकारी (लेफ्टिनेण्ट) मनोनीत किया और प्रदेश की जिम्मेवारी इन दोनों के कन्धों पर डाल कर स्वयं बंगाल चले गये।

बंगाल में शचीन्द्रनाथ सान्याल व योगेश चन्द्र चटर्जी जैसे दो प्रमुख व्यक्तियों के गिरफ्तार हो जाने पर हिन्दुस्तान रिपब्लिकन एसोसियेसन का पूरा दारोमदार बिस्मिल के कन्धों पर आ गया। इसमें शाहजहाँपुर से प्रेम कृष्ण खन्ना, ठाकुर रोशन सिंह के अतिरिक्त अशफाक उल्ला खाँ का योगदान सराहनीय रहा। जब आयरलैण्ड के क्रान्तिकारियों की तर्ज पर जबरन धन छीनने की योजना बनायी गयी तो अशफाक ने अपने बड़े भाई रियासत उल्ला खाँ की लाइसेंसी बन्दूक और दो पेटी कारतूस बिस्मिल को उपलब्ध कराये ताकि धनाढय लोगों के घरों में डकैतियाँ डालकर पार्टी के लिये पैसा इकट्ठा किया जा सके। किन्तु जब बिस्मिल ने सरकारी खजाना लूटने की योजना बनायी तो अशफाक ने अकेले ही कार्यकारिणी मीटिंग में इसका खुलकर विरोध किया। उनका तर्क था कि अभी यह कदम उठाना खतरे से खाली न होगा, सरकार हमें नेस्तनाबूद कर देगी। इस पर जब सब लोगों ने अशफाक के बजाय बिस्मिल पर खुल्लमखुल्ला यह फब्ती कसी-पण्डित जी! देख ली इस मियाँ की

करतूत। हमारी पार्टी में एक मुस्लिम को शामिल करने की जिद का असर अब आप ही भुगतिये, हम लोग तो चले। इस पर अशफाक ने यह कहा-पण्डित जी हमारे लीडर हैं हम उनके बराबर नहीं हो सकते। उनका फैसला हमें मन्जूर है। हम आज कुछ नहीं कहेंगे लेकिन कल सारी दुनिया देखेगी कि एक पठान ने इस एक्शन को किस तरह अन्जाम दिया? और वही हुआ, अगले दिन 9 अगस्त 1925 की शाम काकोरी स्टेशन से जैसे ही ट्रेन आगे बढ़ी, राजेन्द्रनाथ लाहिड़ी ने चेन खींची, अशफाक ने ड्राइवर की कनपटी पर माउजर रखकर उसे अपने कब्जे में लिया और राम प्रसाद बिस्मिल ने गार्ड को जमीन पर औंधे मुँह लिटाते हुए खजाने का बक्सा नीचे गिरा दिया। लोहे की मजबूत तिजोरी जब किसी से न टूटी तो अशफाक ने अपना माउजर मन्मथनाथ गुप्त को पकड़ाया और घन लेकर पूरी ताकत से तिजोरी पर पिल पड़े। अशफाक के तिजोरी तोड़ते ही सभी ने उनकी फौलादी ताकत का नजारा देखा। वरना यदि तिजोरी कुछ देर और न टूटती और लखनऊ से पुलिस या आर्मी आ जाती तो मुकाबले में कई जाने जा सकती थीं, फिर उस काकोरी काण्ड को इतिहास में कोई दूसरा ही नाम दिया जाता।

26 सितम्बर 1925 की रात जब पूरे देश में एक साथ गिरफ्तारियाँ हुईं अशफाक पुलिस की आँखों में धूल झोंक कर फरार हो गये। पहले वे नेपाल गये कुछ दिन वहाँ रहकर कानपुर आ गये और गणेश शंकर विद्यार्थी के प्रताप प्रेस में 2 दिन रुके। वहाँ से बनारस होते हुए बिहार के एक जिले डाल्टनगंज में कुछ दिनों नौकरी की परन्तु पुलिस को इसकी भनक लगने से पहले उत्तर प्रदेश के शहर कानपुर वापस आ गये। विद्यार्थी जी ने उन्हें अपने पास से कुछ रुपये देकर भोपाल उनके बड़े भाई रियासत उल्ला खाँ के पास भेज दिया। कुछ समय वहाँ रहकर अशफाक राजस्थान गये और अपने भाई के मित्र अर्जुनलाल सेठी के घर ठहरे। सेठी जी की लड़की उन पर फिदा हो गयी और उनके सामने शादी का प्रस्ताव पेश कर दिया। आखिरकार एक रात वे वहाँ से भी रफूचक्कर हो गये और बिहार के उसी जिले डाल्टनगंज पहुँच कर अपनी पुरानी जगह नाम बदल कर नौकरी शुरू कर दी। एक दिन भेद खुल गया तो अशफाक ट्रेन पकड़ कर दिल्ली चले गये और अपने जिले शाहजहाँपुर के ही मूल निवासी एक पुराने दोस्त के घर पर ठहरे। यहाँ भी वही मुसीबत अशफाक के पीछे लग गयी। जिसके यहाँ ठहरे हुए थे उस दोस्त की लड़की ने भी अशफाक पर डोरे डालने शुरू कर दिये। हालात से आजिज आकर अशफाक ने पासपोर्ट बनवा कर किसी प्रकार दिल्ली से बाहर विदेश जाकर लाला हरदयाल से मिलने का मन्सूबा बनाया ही था कि किसी भेदिये की खबर पाकर दिल्ली खुफिया पुलिस के उपकप्तान

इकरामुल हक ने उन्हें धर दबोचा। ऐसा कहा जाता है कि उस दोस्त ने ही अशफाक को पकड़वाने में पुलिस की इमदाद (सहायता) की थी।

यह एक ऐतिहासिक सच्चाई है कि काकोरी काण्ड का फैसला 6 अप्रैल 1926 को सुना दिया गया था। अशफाक उल्ला खाँ और शचीन्द्रनाथ बख्शी को पुलिस बहुत बाद में गिरफ्तार कर पायी थी अतः स्पेशल सेशन जज जे.आर.डब्लू. बैनेट की अदालत में 7 दिसम्बर 1926 को एक पूरक मुकदमा दायर किया गया। मुकदमे के मजिस्ट्रेट ऐनुद्दीन ने अशफाक को सलाह दी कि वे किसी मुस्लिम वकील को अपने केस के लिये नियुक्त करें किन्तु अशफाक ने जिद करके कृपाशंकर हजेला को अपना वकील चुना। इस पर एक दिन सी.आई.डी. के पुलिस कप्तान खानबहादुर तसद्दुक हुसैन ने जेल में जाकर अशफाक से मिले और उन्हें फाँसी की सजा से बचने के लिये सरकारी गवाह बनने की सलाह दी। जब अशफाक ने उनकी सलाह को तबज्जो नहीं दी तो उन्होंने एकान्त में जाकर अशफाक को समझाया–

देखो अशफाक भाई! तुम भी मुस्लिम हो और अल्लाह के फजल से मैं भी एक मुस्लिम हूँ इस बास्ते तुम्हें आगाह कर रहा हूँ। ये राम प्रसाद बिस्मिल बगैरा सारे लोग हिन्दू हैं। ये यहाँ हिन्दू सल्तनत कायम करना चाहते हैं। तुम कहाँ इन काफिरों के चक्कर में आकर अपनी जिन्दगी जाया करने की जिद पर तुले हुए हो। मैं तुम्हें आखिरी बार समझाता हूँ, मियाँ! मान जाओ, फायदे में रहोगे।

इतना सुनते ही अशफाक की त्योरियाँ चढ गयीं और वे गुस्से में डाँटकर बोले–

खबरदार! जुबान सम्भाल कर बात कीजिये। पण्डित जी (राम प्रसाद बिस्मिल) को आपसे ज्यादा मैं जानता हूँ। उनका मकसद यह बिल्कुल नहीं है। और अगर हो भी तो हिन्दू राज्य तुम्हारे इस अंग्रेजी राज्य से बेहतर ही होगा। आपने उन्हें काफिर कहा इसके लिये मैं आपसे यही दरख्वास्त करूँगा कि मेहरबानी करके आप अभी इसी वक्त यहाँ से तशरीफ ले जायें वरना मेरे ऊपर दफा 302 (कत्ल) का एक केस और कायम हो जायेगा।

इतना सुनते ही बेचारे कप्तान साहब (तसद्दुक हुसैन) की सिट्टी-पिट्टी गुम हो गयी और वे अपना सा मुँह लेकर वहाँ से चुपचाप खिसक लिये। बहरहाल 13 जुलाई 1927 को पूरक मुकदमे (सप्लीमेण्ट्री केस) का फैसला सुना दिया गया-दफा 120 (बी) व 121 (ए) के अन्तर्गत उम्र-कैद और 396 के अन्तर्गत सजाये-मौत अर्थात् फाँसीका दण्ड।

जज ने अपने फैसले में साफ-साफ लिखा था कि इन अभियुक्तों ने अपने व्यक्तिगत लाभ के लिये यह षडयन्त्र नहीं किया मगर फिर भी अगर ये लोग अपने किये पर पश्चाताप प्रकट करें तो सजा कम की जा सकती है। वकील की सलाह पर लखनऊ जेल में जाकर अशफाक बिस्मिल से मिले और उनका मत जानना चाहा। इस पर बिस्मिल ने उन्हें समझाया कि जिस प्रकार शतरंज के खेल में हारी हुई बाजी जीतने के लिये कभी कभार अपने एक दो मोहरे मरवाने ही पडते है, ठीक उसी प्रकार हम लोग भी माफीनामा दायर कर अपने को मौत की सजा से बचा सकें तो बेहतर रहेगा। सात साल में उम्र-कैद पूरी हो जाने के बाद हम इससे भी भयंकर काण्ड करके इस बेरहम सरकार की नाक में दम कर देंगे। पारस्परिक सहमति से उधर राम प्रसाद बिस्मिल ने और इधर अशफाक उल्ला खाँ ने अपना-अपना माफीनामा दायर कर दिया। अशफाक ने पहला माफीनामा 11 अगस्त 1927 व दूसरा माफीनामा 29 अगस्त 1927 को लिखकर भेजा। इसके अतिरिक्त वकील की सलाह पर एक और मर्सी-अपील अशफाक की माँ मुसम्मात मजहूरुन्निशाँ बेगम की तरफ से वायसराय तथा गवर्नर जनरल को भेजी गयी परन्तु उस पर कोई विचार ही नहीं हुआ।

अशफाक व उनकी माँ के बाद विधान सभा सदस्यों ने संयुक्त रूप से हस्ताक्षर करके संयुक्त प्रान्त के गवर्नर विलियम मोरिस को एक मेमोरेण्डम नैनीताल भेजा। उसके साथ ही पं. गोविन्द वल्लभ पन्त व सी.वाई. चिन्तामणि ने भी एक प्रार्थना पत्र भेजा किन्तु सब प्रयत्न बेकार ही रहे। 22 सितम्बर 1927 को होम सेक्रेटरी एच. डब्लू. हेग ने अपनी फाइनल रिपोर्ट दी जिसके अन्त में उसने स्पष्ट लिखा था- इन लोगों का उद्देश्य एक स्थापित सरकार को उलटना था। यह चूँकि पूरी तरह सिद्ध हो चुका है अतः इस मामले में फाँसी ही दी जा सकती है, जबकि बंगाल षडयन्त्र में, जिसकी यह एक शाखा थी, अब तक ऐसी कोई तथ्यात्मक पुष्टि नहीं हुई है। अतः वहाँ के लोगों को फाँसी की सजा से मुक्त रखा गया है। मुझे पक्का विश्वास है कि यदि इन्हें फाँसी की सजा न देकर जिन्दा छोड़ दिया गया तो ये बंगाल तो क्या, पूरे हिन्दुस्तान में फैल जायेंगे।

इन तमाम अपीलों व दलीलों का इतना असर जरूर हुआ कि फाँसी की तारीख दो बार आगे बढ़ा दी गयी। पहले यह तारीख 16 सितम्बर 1927 थी, बाद में 11 अक्टूबर 1927 हुई। चूँकि लन्दन की प्रिवी-कौंसिल में मर्सी-अपील जा चुकी थी अतः फाँसी की तारीख फिर से आगे के लिये टाल दी गयी। आखिरकार 19 दिसम्बर 1927 की तारीख मुकर्रर हुई और इसकी सूचना चारों जेलों को भेज दी गयी।

फैजाबाद जेल में यह सूचना पहुँचते ही अशफाक ने 29 नवम्बर 1927 को अपने भाई रियासत उल्ला खाँ, 15 दिसम्बर 1927 को अपनी वालिदा मोहतरमा मजहूरुन्निशाँ बेगम तथा 16 दिसम्बर 1927 को अपनी मुँह बोली बहन नलिनी दीदी को खत लिखा और खुदा की इबादत में जुट गये।

जुमेरात (गुरुवार), 15 दिसम्बर 1927 की शाम फैजाबाद जेल की काल कोठरी से अशफाक उल्ला खाँ ने अपना यह आखिरी पैगाम हिन्दुस्तान के अवाम के नाम लिखकर उर्दू भाषा में भेजा था। उनका मकसद यह था कि मुस्लिम समुदाय के लोग इस पर खास तवज्जो अता करें। एक पुलिस अधिकारी पं. विद्यार्णव शर्मा की पुस्तक युग के देवता : बिस्मिल और अशफाक में पृष्ठ संख्या 172 से 178 तक यह पूरा सन्देश दिया हुआ है।

"गवर्नमेण्ट के खुफिया एजेण्ट मजहबी बुनियाद पर प्रोपेगण्डा फैला रहे हैं। इन लोगों का मकसद मजहब की हिफाजत या तरक्की नहीं है, बल्कि चलती गाड़ी में रोड़ा अटकाना है। मेरे पास वक्त नहीं है और न मौका है कि सब कच्चा चिट्ठा खोल कर रख देता, जो मुझे अय्यामे-फरारी (भूमिगत रहने) में और उसके बाद मालूम हुआ। यहाँ तक मुझे मालूम है कि मौलवी नियामतुल्ला कादियानी कौन था जो काबुल में संगसार (पत्थरों से पीट कर ढेर) किया गया। वह ब्रिटिश एजेण्ट था जिसके पास हमारे करमफरमा (भाग्यविधाता) खानबहादुर तसद्दुक हुसैन साहब डिप्टी सुपरिण्टेण्डेण्ट सी.आई.डी. गवर्नमेण्ट ऑफ इण्डिया पैगाम लेकर गये थे मगर बेदारमगज हुकूमते-काबुल (काबुल की होशियार सरकार) ने उसका इलाज जल्द कर दिया और मर्ज को वहाँ पर फैलने न दिया।

इसके बाद उन्होंने हिन्दू-मुस्लिम एकता के फायदे, अहमदाबाद कांग्रेस जैसा इत्तिहाद (मेलमिलाप), गोरी अंग्रेजियत का भूत उतारने की बात करते हुए देश के सभी कम्युनिस्ट ग्रुप (भारतीय कम्युनिस्ट पार्टी) से विदेशी मोह व देशी चीजों से नफरत का त्याग करने की नायाब नसीहत देते हुए चन्द अंग्रेजी पंक्तियों के साथ रुखसत होने की गुजारिश की थी।

"मेरे भाइयो! मेरा सलाम लो और इस नामुकम्मल (अधूरे) काम को, जो हमसे रह गया है, तुम पूरा करना। तुम्हारे लिये हमने यू.पी. (उत्तर प्रदेश) का मैदाने-अमल (कार्य-क्षेत्र) तैयार कर दिया। अब तुम जानो तुम्हारा काम जाने। मैं चन्द सुतूर (पंक्तियों) के बाद रुखसत (विदा) होता हूँ–

To every man upon this earth, death cometh soon or late-
But how can man die better, than facing fearful odds-
For the ashes of his fathers, and temples of his gods-"

शाहजहाँपुर के आग्नेय कवि स्वर्गीय अग्निवेश शुक्ल ने यह भावपूर्ण कविता लिखी थी जिसमें उन्होंने फैजाबाद जेल की काल-कोठरी में फाँसी से पूर्व अपनी जिन्दगी की आखिरी रात गुजारते हुए अशफाक के दिलो-दिमाग में उठ रहे जज्बातों के तूफान को हिन्दी शब्दों का खूबसूरत जामा पहनाया है। विकिपीडिया के पाठकों की सेवा में यहाँ उस कविता के चुनिन्दा अंश दिये जा रहे हैं–

"जाऊँगा खाली हाथ मगर, यह दर्द साथ ही जायेगा, जाने किस दिन हिन्दोस्तान, आजाद वतन कहलायेगा।

बिस्मिल हिन्दू हैं कहते हैं, फिर आऊँगा-फिर आऊँगा, ले नया जन्म ऐ भारत माँ! तुझको आजाद कराऊँगा।।

जी करता है मैं भी कह दूँ, पर मजहब से बँध जाता हूँ, मैं मुसलमान हूँ पुनर्जन्म की बात नहीं कह पाता हूँ।

हाँ, खुदा अगर मिल गया कहीं, अपनी झोली फैला दूँगा, और जन्नत के बदले उससे, एक नया जन्म ही माँगूँगा।।

फाँसी वाले दिन सोमवार दिनांक 19 दिसम्बर 1927 को अशफाक हमेशा की तरह सुबह उठे, शौच आदि से निवृत्त हो स्नान किया। कुछ देर वज्रासन में बैठ कुरान की आयतों को दोहराया और किताब बन्द करके उसे आँखों से चूमा। फिर अपने आप जाकर फाँसी के तख्ते पर खड़े हो गये और कहा–मेरे ये हाथ इन्सानी खून से नहीं रंगे। खुदा के यहाँ मेरा इन्साफ होगा। फिर अपने आप ही फन्दा गले में डाल लिया। अशफाक की लाश फैजाबाद जिला कारागार से शाहजहाँपुर लायी जा रही थी। लखनऊ स्टेशन पर गाड़ी बदलते समय कानपुर से बीमारी के बावजूद चलकर आये गणेश शंकर विद्यार्थी ने उनकी लाश को अपने श्रद्धा-सुमन अर्पित किये। पारसीशाह फोटोग्राफर से अशफाक के शव का फोटो खिंचवाया और अशफाक के परिवार जनों को यह हिदायत देकर कानपुर वापस चले गये कि शाहजहाँपुर में इनका पक्का मकबरा जरूर बनवा देना, अगर रुपयों की जरूरत पड़े तो खत लिख देना मैं कानपुर से मनीआर्डर भेज दूँगा। अशफाक की लाश को उनके पुश्तैनी मकान के सामने वाले बगीचे में दफना दिया गया। उनकी मजार पर संगमरमर के पत्थर पर अशफाक उल्ला खाँ की ही कही हुई ये पंक्तियाँ लिखवा दी गयीं–

"जिन्दगी वादे-फना तुझको मिलेगी हसरत,
तेरा जीना तेरे मरने की बदौलत होगा।"

अशफाक यह पहले से ही जानते थे कि उनकी शहादत के बाद हिन्दुस्तान में लिबरल पार्टी यानी कांग्रेस ही पावर में आयेगी और उन जैसे आम तबके के

बलिदानियों का कोई चर्चा नहीं होगा, सिर्फ शासकों के स्मृति-लेख ही सुरक्षित रखे जायेंगे। तभी तो उन्होंने ये कता कहकर वर्तमान हालात की भविष्य-वाणी बहुत पहले सन् 1927 में ही कर दी थी–

"जुबाने-हाल से अशफाक की तुर्बत ये कहती है, मुहिब्बाने-वतन ने क्यों हमें दिल से भुलाया है?

बहुत अफसोस होता है बड़ी तकलीफ होती है, शहीद अशफाक की तुर्बत है और धूपों का साया है!!"

गनीमत है गणेश शंकर विद्यार्थी ने 200 रुपये का मनीआर्डर भेजकर अशफाक की मजार पर छत डलवा कर उसे धूप के साये से बचा लिया।

राम प्रसाद बिस्मिल की तरह अशफाक भी बहुत अच्छे शायर थे। इन दोनों की शायरी की अगर तुलना की जाये तो रत्ती भर का भी फर्क आपको नजर नहीं आयेगा। पहली बार की मुलाकात में ही बिस्मिल अशफाक के मुरीद हो गये थे जब एक मीटिंग में बिस्मिल के एक शेर का जबाव उन्होंने अपने उस्ताद जिगर मुरादाबादी की गजल के मक्ते से दिया था। जब बिस्मिल ने कहा–

बहे बहरे-फना में जल्द या रब! लाश बिस्मिल की।
कि भूखी मछलियाँ हैं जौहरे-शमशीर कातिल की।।

तो अशफाक ने आमीन कहते हुए जबाव दिया–

जिगर मैंने छुपाया लाख अपना दर्दे-गम लेकिन।
बयाँ कर दी मेरी सूरत ने सारी कैफियत दिल की।।

एक रोज का वाकया है अशफाक आर्य समाज मन्दिर शाहजहाँपुर में बिस्मिल के पास किसी काम से गये। संयोग से उस समय अशफाक जिगर मुरादाबादी की यह गजल गुनगुना रहे थे-

कौन जाने ये तमन्ना इश्क की मंजिल में है।
जो तमन्ना दिल से निकली फिर जो देखा दिल में है।।

बिस्मिल यह शेर सुनकर मुस्करा दिये तो अशफाक ने पूछ ही लिया-क्यों राम भाई! मैंने मिसरा कुछ गलत कह दिया क्या? इस पर बिस्मिल ने जबाब दिया- नहीं मेरे कृष्ण कन्हैया! यह बात नहीं। मैं जिगर साहब की बहुत इज्जत करता हूँ मगर उन्होंने मिर्जा गालिब की पुरानी जमीन पर घिसा पिटा शेर कहकर कौन-सा बड़ा तीर मार लिया। कोई नयी रंगत देते तो मैं भी इरशाद कहता। अशफाक को बिस्मिल की यह बात जँची नहीं, उन्होंने चुनौती भरे लहजे में कहा- तो राम भाई! अब आप

ही इसमें गिरह लगाइये, मैं मान जाऊँगा आपकी सोच जिगर और मिर्जा गालिब से भी परले दर्जे की है। उसी वक्त पण्डित राम प्रसाद बिस्मिल ने ये शेर कहा–

सरफरोशी की तमन्ना अब हमारे दिल में है।
देखना है जोर कितना बाजु ए कातिल में है?

यह सुनते ही अशफाक उछल पड़े और बिस्मिल को गले लगा के बोले- राम भाई! मान गये, आप तो उस्तादों के भी उस्ताद हैं।

इसके बाद तो अशफाक और बिस्मिल में होड़-सी लग गयी एक से एक उम्दा शेर कहने की। परन्तु अगर ध्यान से देखा जाये तो दोनों में एक तरह की टेलीपैथी काम करती थी तभी तो उनके जज्बातों में एकरूपता दिखायी देती है। मिसाल के तौर पर चन्द मिसरे इस प्रकार हैं–बिस्मिल का यह शेर–

अजल से वे डरें जीने को जो अच्छा समझते हैं।
मियाँ! हम चार दिन की जिन्दगी को क्या समझते हैं?

अशफाक की इस कता के कितना करीब जान पड़ता है–

मौत एक बार जब आना है तो डरना क्या है!
हम इसे खेल ही समझा किये मरना क्या है?
वतन हमारा रहे शादकाम और आबाद,
हमारा क्या है अगर हम रहे, रहे न रहे।।

मुल्क की माली हालत को खस्ता होता देखकर लिखी गयी बिस्मिल की ये पंक्तियाँ–

तबाही जिसकी किस्मत में लिखी वर्के-हसद से थी,
उसी गुलशन की शाखे-खुश्क पर है आशियाँ मेरा।

अशफाक के इस शेर से कितनी अधिक मिलती हैं–

वो गुलशन जो कभी आबाद था गुजरे जमाने में,
मैं शाखे-खुश्क हूँ हाँ! हाँ! उसी उजड़े गुलिश्ताँ की।

इसी प्रकार वतन की बरवादी पर बिस्मिल की पीड़ा–

गुलो-नसरीनो-सम्बुल की जगह अब खाक उड़ती है,
उजाड़ा हाय! किस कम्बख्त ने यह बोस्ताँ मेरा?

से मिलता जुलता अशफाक का यह शेर किसी भी तरह अपनी कैफियत में कमतर नहीं–

वो रंग अब कहाँ है नसरीनो-नसतरन में,
उजड़ा हुआ पड़ा है क्या खाक है वतन में?

बिस्मिल की एक बड़ी मशहूर गजल उम्मीदे-सुखन की ये पंक्तियाँ—

कभी तो कामयाबी पर मेरा हिन्दोस्ताँ होगा।
रिहा सैय्याद के हाथों से अपना आशियाँ होगा।।

अशफाक को बहुत पसन्द थीं। उन्होंने इसी बहर में सिर्फ एक ही शेर कहा था जो उनकी अप्रकाशित डायरी में इस प्रकार मिलता है—

बहुत ही जल्द टूटेंगी गुलामी की ये जंजीरें,
किसी दिन देखना आजाद ये हिन्दोस्ताँ होगा।

जिन्हें अशफाक और बिस्मिल की शायरी का विशेष या तुलनात्मक अध्ययन करना हो वे किसी भी पुस्तकालय में जाकर स्वाधीनता संग्राम के क्रान्तिकारी साहित्य का इतिहास ग्रन्थावली का दूसरा भाग देख सकते हैं।

रोशन सिंह

ठाकुर रोशन सिंह, असहयोग आन्दोलन के दौरान उत्तर प्रदेश के बरेली जिले में हुए गोली-काण्ड में सजा काटकर जैसे ही शान्तिपूर्ण जीवन बिताने घर वापस आये कि हिन्दुस्तान रिपब्लिकन एसोसियेसन में शामिल हो गये। यद्यपि ठाकुर साहब ने काकोरी काण्ड में प्रत्यक्ष रूप से भाग नहीं लिया था फिर भी उनके आकर्षक व रौबीले व्यक्तित्व को देखकर काकोरी काण्ड के सूत्रधार पण्डित राम प्रसाद बिस्मिल व उनके सहकारी अशफाक उल्ला खाँ के साथ 19 दिसम्बर 1927 को फाँसी दे दी गयी। ये तीनों ही क्रान्तिकारी उत्तर प्रदेश के शहीदगढ़ कहे जाने वाले जनपद शाहजहाँपुर के रहने वाले थे। इनमें ठाकुर साहब आयु के लिहाज से सबसे बडे, अनुभवी, दक्ष व अचूक निशानेबाज थे।

कान्तिकारी ठाकुर रोशन सिंह का जन्म उत्तर प्रदेश के ख्याति प्राप्त जनपद शाहजहाँपुर में कस्बा फतेहगंज से 10 किलोमीटर दूर स्थित गाँव नबादा में 22 जनवरी 1892 को हुआ था। उनकी माता जी का नाम कौशल्या देवी एवं पिता जी का ठाकुर जंगी सिंह था। पूरा परिवार आर्य समाज से अनुप्राणित था। वे पाँच भाई-बहनों में सबसे बड़े थे। असहयोग आन्दोलन में उत्तर प्रदेश के शाहजहाँपुर और बरेली जिले के ग्रामीण क्षेत्र में उन्होंने अद्‌भुत योगदान दिया था। यही नहीं, बरेली में हुए गोली-काण्ड में एक पुलिस वाले की रायफल छीनकर जबर्दस्त फायरिंग शुरू कर दी थी जिसके कारण हमलावर पुलिस को उल्टे पाँव भागना पड़ा। मुकदमा चला और ठाकुर रोशन सिंह को सेण्ट्रल जेल बरेली में दो साल वामशक्कत कैद की सजा काटनी पड़ी थी।

बरेली गोली-काण्ड में सजायाफ्ता रोशन सिंह की भेंट सेण्ट्रल जेल बरेली में कानपुर निवासी पंडित रामदुलारे त्रिवेदी से हुई जो उन दिनों पीलीभीत में शुरू किये गये असहयोग आन्दोलन के फलस्वरूप 6 महीने की सजा भुगतने बरेली सेण्ट्रल जेल में रखे गये थे। गान्धी जी द्वारा सन् 1922 में हुए चौरी-चौरा काण्ड के विरोध स्वरूप असहयोग आन्दोलन वापस ले लिये जाने पर पूरे हिन्दुस्तान में जो प्रतिक्रिया हुई उसके कारण ठाकुर साहब ने भी राजेन्द्र नाथ लाहिड़ी, रामदुलारे त्रिवेदी व सुरेशचन्द्र भट्टाचार्य आदि के साथ शाहजहाँपुर शहर के आर्य समाज पहुँच कर राम प्रसाद बिस्मिल से गम्भीर मन्त्रणा की जिसमें राष्ट्रीय स्तर पर अस्त्र-शस्त्र से सुसज्जित कोई बहुत बड़ी क्रान्तिकारी पार्टी बनाने की रणनीति तय हुई। इसी रणनीति के तहत ठाकुर रोशनसिंह को पार्टी में शामिल किया गया था। ठाकुर साहब पक्के निशानेबाज थे यहाँ तक कि उड़ती हुई चिड़िया को खेल-खेल में ही मार गिराते थे।

1922 की गया कांग्रेस में जब पार्टी दो फाड हो गई और मोतीलाल नेहरू एवं देशबन्धु चितरंजन दास ने अपनी अलग से स्वराज पार्टी बना ली। ये सभी लोग पैसे वाले थे जबकि क्रान्तिकारी पार्टी के पास संविधान, विचार-धारा व दृष्टि के साथ-साथ उत्साही नवयुवकों का बहुत बडा संगठन था। हँ, अगर कोई कमी थी तो वह कमी पैसे की थी। इस कमी को दूर करने के लिये आयरलैण्ड के क्रान्तिकारियों का रास्ता अपनाया गया और वह रास्ता था डकैती का। इस कार्य को पार्टी की ओर से एक्शन नाम दिया गया। एक्शन के नाम पर पहली डकैती पीलीभीत जिले के एक गाँव बमरौली में 25 दिसम्बर 1924 को क्रिस्मस के दिन एक खण्डसारी (शक्कर के निर्माता) व सूदखोर (ब्याज पर रुपये उधार देने वाले) बलदेव प्रसाद के यहाँ डाली गयी। इस पहली डकैती में 4000 रुपये और कुछ सोने-चाँदी के जेवरात क्रान्तिकारियों के हाथ लगे। परन्तु मोहनलाल पहलवान नाम का एक आदमी, जिसने डकैतों को ललकारा था, ठाकुर रोशन सिंह की रायफल से निकली एक ही गोली में ढेर हो गया। सिर्फ मोहनलाल की मौत ही ठाकुर रोशन सिंह की फाँसी की सजा का कारण बनी।

9 अगस्त 1925 को काकोरी स्टेशन के पास जो सरकारी खजाना लूटा गया था उसमें ठाकुर रोशन सिंह शामिल नहीं थे, यह हकीकत है किन्तु इन्हीं की आयु (36 वर्ष) के केशव चक्रवर्ती (छद्म नाम), जरूर शामिल थे जो बंगाल की अनुशीलन समिति के सदस्य थे, फिर भी पकडे बेचारे रोशन सिंह गये। चूकि रोशन सिंह बमरौली डकैती में शामिल थे ही और इनके खिलाफ सारे साक्ष्य भी मिल गये थे, अतः पुलिस ने सारी शक्ति ठाकुर रोशन सिंह को फाँसी की सजा दिलवाने में ही लगा

दी और केशव चक्रवर्ती को खोजने का कोई प्रयास ही नहीं किया। सी.आई.डी. के कप्तान खानबहादुर तसद्दुक हुसैन राम प्रसाद बिस्मिल पर बार-बार यह दबाव डालते रहे कि बिस्मिल किसी भी तरह अपने दल का सम्बन्ध बंगाल के अनुशीलन दल या रूस की बोल्शेविक पार्टी से बता दें परन्तु बिस्मिल टस से मस न हुए। आखिरकार रोशन सिंह को दफा 120 (बी) और 121(ए) के तहत 5-5 वर्ष की बामशक्कत कैद और 396 के अन्तर्गत सजाये-मौत अर्थात् फाँसी की सजा दी गयी। इस फैसले के खिलाफ जैसे अन्य सभी ने उच्च न्यायालय, वायसराय व सम्राट के यहाँ अपील की थी वैसे ही रोशन सिंह ने भी अपील की, परन्तु नतीजा वही निकला-ढाक के तीन पात।

इस सप्ताह के भीतर ही फाँसी होगी। ईश्वर से प्रार्थना है कि वह आपको मोहब्बत का बदला दे। आप मेरे लिये रंज हरगिज न करें। मेरी मौत खुशी का बाइस (कारण) होगी। दुनिया में पैदा होकर मरना जरूर है। दुनिया में बदफैली करके अपने को बदनाम न करे और मरते वक्त ईश्वर की याद रहे। यही दो बातें होनी चाहिये और ईश्वर की कृपा से मेरे साथ ये दोनों बातें हैं। इसलिये मेरी मौत किसी प्रकार अफसोस के लायक नहीं है। दो साल से बाल-बच्चों से अलग रहा हूँ। इस बीच ईश्वर भजन का खूब मौका मिला। इससे मेरा मोह छूट गया और कोई वासना बाकी न रही। मेरा पूरा विश्वास है कि दुनिया की कष्ट भरी यात्रा समाप्त करके मैं अब आराम की जिन्दगी जीने के लिये जा रहा हूँ। हमारे शास्त्रों में लिखा है कि जो आदमी धर्म युद्ध में प्राण देता है उसकी वही गति होती है जो जंगल में रहकर तपस्या करने वाले ऋषि मुनियों की।

पत्र समाप्त करने के पश्चात उसके अन्त में उन्होंने अपना यह शेर भी लिखा था–

जिन्दगी जिन्दा-दिली को जान ऐ रोशन!
वरना कितने ही यहाँ रोज फना होते हैं।

फाँसी वाले दिन के हालात

फाँसी से पहली रात ठाकुर साहब कुछ घण्टे सोये फिर देर रात से ही ईश्वर-भजन करते रहे। प्रातःकाल शौचादि से निवृत्त हो यथानियम स्नान ध्यान किया कुछ देर गीता-पाठ में लगायी फिर पहरेदार से कहा-चलो। वह हैरत से देखने लगा यह कोई आदमी है या देवता! ठाकुर साहब ने अपनी काल-कोठरी को प्रणाम किया और गीता हाथ में लेकर निर्विकार भाव से फाँसी घर की ओर चल दिये। फाँसी के फन्दे को चूमा फिर जोर से तीन वार वन्दे मातरम् का उद्घोष किया और

वेद-मन्त्र-ओ3म् विश्वानि देव सवितुर दुरितानि परासुव यद भद्रम तन्नासुव-का जाप करते हुए फन्दे से झूल गये।

इलाहाबाद में नैनी स्थित मलाका जेल के फाटक पर हजारों की संख्या में स्त्री-पुरुष युवा बाल-वृद्ध एकत्र थे ठाकुर साहब के अन्तिम दर्शन करने व उनकी अन्त्येष्टि में शामिल होने के लिये। जैसे ही उनका शव जेल कर्मचारी बाहर लाये वहाँ उपस्थित सभी लोगों ने नारा लगाया–रोशन सिंह! अमर रहें!! भारी जुलूस की शक्ल में शवयात्रा निकली और गंगा यमुना के संगम तट पर जाकर रुकी जहाँ वैदिक रीति से उनका अन्तिम संस्कार किया गया। फाँसी के बाद ठाकुर साहब के चेहरे पर एक अद्‍भुत शान्ति दृष्टिगोचर हो रही थी। मूँछें वैसी की वैसी ही थीं बल्कि गर्व से कुछ ज्यादा ही तनी हुई लग रहीं थीं ठाकुर साहब को मरते दम तक बस एक ही मलाल था कि उन्हें फाँसी दे दी गयी, कोई बात नहीं। क्योंकि उन्होंने तो जिन्दगी का सारा सुख उठा लिया, परन्तु बिस्मिल, अशफाक और लाहिड़ी-जिन्होंने जीवन का एक भी ऐशो-आराम नहीं देखा उनको इस बेरहम बरतानिया सरकार ने फाँसी पर क्यों लटकाया? क्या उसके मन जरा भी दया का भाव नहीं आया?

राजेन्द्रनाथ लाहिड़ी

राजेन्द्रनाथ लाहिड़ी भारत के स्वतंत्रता संग्राम के महत्वपूर्ण स्वतंत्रता सेनानी थे। युवा क्रान्तिकारी लाहिड़ी की प्रसिद्धि काकोरी काण्ड के एक प्रमुख अभियुक्त के रूप में हैं।

बंगाल (आज का बांग्लादेश) में पबना जिले के अन्तर्गत मड़याँ (मोहनपुर) गाँव में 23 जून 1901 के दिन क्षिति मोहन लाहिड़ी के घर राजेन्द्रनाथ लाहिड़ी का जन्म हुआ। उनकी माता का नाम बसन्त कुमारी था। उनके जन्म के समय पिता क्रान्तिकारी क्षिति मोहन लाहिड़ी व बड़े भाई बंगाल में चल रही अनुशीलन दल की गुप्त गतिविधियों में योगदान देने के आरोप में कारावास की सलाखों के पीछे कैद थे। दिल में राष्ट्र-प्रेम की चिन्गारी लेकर मात्र नौ वर्ष की आयु में ही वे बंगाल से अपने मामा के घर वाराणसी पहुँचे। वाराणसी में ही उनकी शिक्षा दीक्षा सम्पन्न हुई। काकोरी काण्ड के दौरान लाहिड़ी काशी हिन्दू विश्वविद्यालय में इतिहास विषय में एम. ए. (प्रथम वर्ष) के छात्र थे। 17 दिसम्बर 1927 को गोण्डा के जिला कारागार में अपने साथियों से दो दिन पहले उन्हें फाँसी दे दी गयी। राजेन्द्रनाथ लाहिड़ी को देश-प्रेम और निर्भीकता की भावना विरासत में मिली थी। राजेन्द्रनाथ काशी की धार्मिक नगरी में पढ़ाई करने गये थे किन्तु संयोगवश वहाँ पहले से ही निवास कर रहे सुप्रसिद्ध क्रान्तिकारी शचींद्रनाथ सान्याल के सम्पर्क

में आ गये। राजेन्द्र की फौलादी दृढ़ता, देश-प्रेम और आजादी के प्रति दीवानगी के गुणों को पहचान कर शचीन दा ने उन्हें अपने साथ रखकर बनारस से निकलने वाली पत्रिका बंग वाणी के सम्पादन का दायित्व तो दिया ही, अनुशीलन समिति की वाराणसी शाखा के सशस्त्र विभाग का प्रभार भी सौंप दिया। उनकी कार्य कुशलता को देखते हुए उन्हें हिन्दुस्तान रिपब्लिकन एसोसिएशन की गुप्त बैठकों में आमन्त्रित भी किया जाने लगा।

पठन पाठन की अत्यधिक रुचि तथा बाँग्ला साहित्य के प्रति स्वाभाविक प्रेम के कारण लाहिड़ी अपने भाइयों के साथ मिलकर अपनी माता की स्मृति में बसंतकुमारी नाम का एक पारिवारिक पुस्तकालय स्थापित कर लिया था। काकोरी काण्ड में गिरफ्तारी के समय ये काशी हिंदू विश्वविद्यालय की बाँग्ला साहित्य परिषद के मंत्री थे। इनके लेख बाँग्ला के बंगवाणी और शंख आदि पत्रों में छपा करते थे। लाहिड़ी ही बनारस के क्रांतिकारियों के हस्तलिखित पत्र अग्रदूत के प्रवर्तक थे। इनका लगातार यह प्रयास रहता था कि क्रांतिकारी दल का प्रत्येक सदस्य अपने विचारों को लेख के रूप में दर्ज करे। क्रान्तिकारियों द्वारा चलाये जा रहे स्वतन्त्रता-आन्दोलन को गति देने के लिये धन की तत्काल व्यवस्था को देखते हुए शाहजहाँपुर में दल के सामरिक विभाग के प्रमुख पण्डित राम प्रसाद बिस्मिल के निवास पर हुई बैठक में राजेन्द्रनाथ लाहिड़ी भी सम्मिलित हुए जिसमें सभी क्रान्तिकारियों ने एकमत से अंग्रेजी सरकार का खजाना लूटने की योजना को अन्तिम रूप दिया था। इस योजना में लाहिड़ी का अहम किरदार था क्योंकि उन्होंने ही अशफाक उल्ला खाँ के ट्रेन न लूटने के प्रस्ताव को सिरे से खारिज कर दिया था, जिसके परिणामस्वरूप अशफाक ने अपना प्रस्ताव वापस ले लिया था।

इस योजना को अंजाम देने के लिये लाहिड़ी ने काकोरी से ट्रेन छूटते ही जंजीर खींच कर उसे रोक लिया और 9 अगस्त 1925 की शाम सहारनपुर से चलकर लखनऊ पहुँचने वाली आठ डाउन ट्रेन पर क्रान्तिकारी पण्डित राम प्रसाद बिस्मिल ने अशफाक उल्ला खाँ और चन्द्रशेखर आजाद व 6 अन्य सहयोगियों की मदद से धावा बोल दिया। कुल 10 नवयुवकों ने मिलकर ट्रेन में जा रहा सरकारी खजाना लूट लिया। मजे की बात यह कि उसी ट्रेन में सफर कर रहे अंग्रेज सैनिकों तक की हिम्मत न हुई कि वे मुकाबला करने को आगे आते। काकोरी काण्ड के बाद बिस्मिल ने लाहिड़ी को बम बनाने का प्रशिक्षण लेने बंगाल भेज दिया। राजेन्द्रनाथ कलकत्ता गये और वहाँ से कुछ दूर स्थित दक्षिणेश्वर में उन्होंने बम बनाने का सामान इकट्ठा किया। अभी वे पूरी तरह से प्रशिक्षित भी न हो पाये थे कि किसी साथी की असावधानी से एक बम फट गया और बम का धमाका सुनकर पुलिस आ गयी। कुल 9 साथियों के साथ

राजेन्द्र भी गिरफ्तार हो गये। उन पर मुकदमा दायर किया और10 वर्ष की सजा हुई जो अपील करने पर 5 वर्ष कर दी गयी। बाद में ब्रिटिश राज ने दल के सभी प्रमुख क्रान्तिकारियों पर काकोरी काण्ड के नाम से मुकदमा दायर करते हुए सभी पर सम्राट के विरुद्ध सशस्त्र युद्ध छेड़ने तथा खजाना लूटने का न केवल आरोप लगाया बल्कि झूठी गवाहियाँ व मनगढ़न्त प्रमाण पेश कर उसे सही साबित भी कर दिखाया। राजेन्द्र लाहिड़ी को काकोरी काण्ड में शामिल करने के लिये बंगाल से लखनऊ लाया गया। तमाम अपीलों व दलीलों के बावजूद सरकार टस से मस न हुई और अन्ततः राजेन्द्रनाथ लाहिड़ी, पण्डित राम प्रसाद बिस्मिल,अशफाक उल्ला खाँ तथा ठाकुर रोशन सिंह- एक साथ चार व्यक्तियों को फाँसी की सजा सुना दी गयी। लाहिड़ी को अन्य क्रान्तिकारियों से दो दिन पूर्व 17 दिसम्बर को ही फाँसी दे दी गयी। आजादी के इस दीवाने ने हँसते-हँसते फाँसी का फन्दा चूमने से पहले वंदे मातरम् की हुंकार भरते हुए कहा था- मैं मर नहीं रहा हूँ, बल्कि स्वतन्त्र भारत में पुनर्जन्म लेने जा रहा हूँ।

भगवती चरण वोहरा

भगवती चरण वोहरा का जन्म 4 जुलाई 1904 को हुआ था। वे भारत के स्वतंत्रता संग्राम के महान क्रांतिकारी थे। वे हिन्दुस्तान प्रजातांत्रिक सोशलिस्ट पार्टी के सदस्य और भगत सिंह के साथ ही एक प्रमुख सिद्धांतकार होते हुए भी गिरफ्तार नही किए जा सके और न ही वे फांसी पर चढ़े। उनकी मृत्यु बम परिक्षण के दौरान दुर्घटना में हुई। भगवती चरण वोहरा का जन्म जुलाई 1904 में आगरा में हुआ था। उनके पिता शिव चरण वोहरा रेलवे के एक उच्च अधिकारी थे। बाद में वे आगरा से लाहौर चले आये। उनका परिवार आर्थिक रूप से सम्पन्न था। भगवती चरण की शिक्षा-दीक्षा लाहौर में हुई। उनका विवाह भी कम उम्र में कर दिया गया। पत्नी का नाम दुर्गा था। बाद के दौर में उनकी पत्नी भी क्रांतिकारी कार्यों की सक्रिय सहयोगी बनी। क्रान्तिकारियों द्वारा दिया गया दुर्गा भाभी सन्बोधन एक आम सन्बोधन बन गया। लाहौर नेशनल कॉलेज में शिक्षा के दौरान भगवती चरण ने रूसी क्रान्तिकारियों से प्रेरणा लेकर छात्रों की एक अध्ययन मण्डली का गठन किया था। राष्ट्र की परतंत्रता और उससे मुक्ति के प्रश्न पर केन्द्रित इस अध्ययन मण्डली में नियमित रूप से शामिल होने वालो में भगत सिंह, सुखदेव आदि प्रमुख थे। बाद में चलकर इन्हीं लोगों ने नौजवान भारत सभा की स्थापना की। पढ़ाई के दौरान 1921 में ही भगवती चरण गांधी जी के आह्वान पर पढ़ाई छोड़कर असहयोग आन्दोलन में कूद पड़े थे।

बाद में आन्दोलन वापस होने पर इन्होंने कॉलेज की पढाई पूरी की। बीए की परीक्षा पास की साथ ही नौजवान भारत सभा के गठन और कार्य को आगे बढ़ाया। इस सभा के जनरल सेक्रेटी भगत सिंह और प्रोपेगंडा (प्रचार) सेक्रेटी भगवती चरण थे। अप्रैल 1928 में नौजवान भारत सभा का घोषणा पत्र प्रकाशित हुआ। भगत सिंह व अन्य साथियों से सलाह-मशविरे से मसविदे को तैयार करने का काम भगवती चरण वोहरा का था। नौजवान भारत सभा के उत्कर्ष में भगवती चरण और भगत सिंह का ही प्रमुख हाथ था। भगत सिंह के अलावा वे ही संगठन के प्रमुख सिद्धांतकार थे। क्रांतिकारी विचारक, संगठनकर्ता, वक्ता, प्रचारकर्ता, आदर्श के प्रति निष्ठा व प्रतिबधता तथा उसके लिए अपराजेय हिम्मत-हौसला आदि सारे गुण भगवती चरण में विद्यमान थे। किसी काम को पूरे मनोयोग के साथ पूरा करने में भगवती चरण बेजोड़ थे। 1924 में सुप्रसिद्ध क्रांतिकारी शचीन्द्रनाथ सान्याल द्वारा हिन्दुस्तान-प्रजातांत्रिक संघ के घोषणा पत्र-दि रिवोल्यूशनरी को 1 जनवरी 1925 को व्यापक से वितरित करने की प्रमुख जिम्मेदारी भगवती चरण पर ही थी। जिसे उन्होंने बखूबी पूरा किया। बाद के दौर में संगठन के साथियों में भगवती चरण के बारे में यह संदेह फैलाया गया की वे सी. आई. डी. के आदमी है और उससे तनख्वाह पाते हैं। इन आरोपों को लगाने के पीछे उस समय संगठन में आये वे लोग थे जिन्हें किसी काम का जोखिम नहीं उठाना था। इसलिए भी वे लोग बहुआयामी व्यक्तित्व के धनी भगवती चरण पर आरोप लगाकर न केवल खुद नेतृत्त्व में आना चाहते थे। बल्कि क्रांतिकारी कार्यवाहियों पर रोक भी लगाना चाहते थे। ऐसे लोगों का यह उद्देश्य भी था कि संगठन के काम को आपसी बहस, मुबाहिसा, प्रचार और पैसा जमा करने के काम तक सीमित कर दिया जाए। भगवती चरण पर सी.आई.ड़ी. का आरोप लगाने वालो में प्रमुख सज्जन जयचन्द्र विद्यालंकार थे। वे उन दिनों नेशनल कॉलेज के अध्यापक भी थे। नौजवान क्रांतिकारी टोली पर उनके पद, ज्ञान व विद्वता कि धाक भी थी। भगवती चरण ऐसे आरोपों से बेपरवाह रहते हुए क्रांतिकारी कार्यों को आगे बढ़ाने में लगे रहते थे। उनका कहना था कि जो उचित है उसे करते जाना उनका काम है। सफाई देना और नाम कमाना उनका काम नहीं है।

भगवती चरण लखनऊ के काकोरी केस, लाहौर षडयंत्र केस और फिर लाला लाजपत राय को मारने वाले अंग्रेज सार्जेंट-सांडर्स की हत्या में भी आरोपित थे। पर न तो कभी पकड़े गये और न ही क्रांतिकारी कार्यों को करने से अपना पैर पीछे खींचा। इस बात का सबूत यह है कि इतने आरोपों से घिरे होने के बाद भी भगवती चरण

ने स्पेशल ट्रेन में बैठे वायसराय को चलती ट्रेन में ही उड़ा देने का भरपूर प्रयास किया। इस काम में यशपाल, इन्द्रपाल, भागाराम उनके सहयोगी थे। महीने भर की तैयारी के बाद नियत तिथि पर गुजरती स्पेशल ट्रेन के नीचे बम-विस्फोट करने में लोग कामयाब भी हो गये। परन्तु वायसराय बच गया। ट्रेन में खाना बनाने और खाना खाने वाला डिब्बा क्षतिग्रस्त हो गया और उसमें एक आदमी की मौत हो गयी।

सुखदेव

सुखदेव का पूरा नाम सुखदेव थापर था। वे भारतीय स्वतंत्रता संग्राम के एक प्रमुख क्रान्तिकारी थे। उन्हें भगत सिंह और राजगुरु के साथ 23 मार्च 1931 को फाँसी पर लटका दिया गया था। इनकी शहादत को आज भी सम्पूर्ण भारत में सम्मान की दृष्टि से देखा जाता है। सुखदेव भगत सिंह की तरह बचपन से ही आजादी का सपना पाले हुए थे। ये दोनों लाहौर नेशनल कॉलेज के छात्र थे। दोनों एक ही सन् में लायलपुर में पैदा हुए और एक ही साथ शहीद हो गए। सुखदेव थापर का जन्म पंजाब के शहर लायलपुर में श्रीयुत् रामलाल थापर व श्रीमती रल्ली देवी के घर विक्रमी सम्वत 1964 के फाल्गुन मास में शुक्ल पक्ष सप्तमी तदनुसार 15 मई 1907 को पौने ग्यारह बजे दिन में हुआ था। जन्म से तीन माह पूर्व ही पिता का स्वर्गवास हो जाने के कारण इनके ताऊ अचिन्तराम ने इनका पालन पोषण करने में इनकी माता को पूर्ण सहयोग किया। सुखदेव की तायी जी ने भी इन्हें अपने पुत्र की तरह पाला। इन्होंने भगत सिंह, कॉमरेड रामचन्द्र एवं भगवती चरण वोहरा के साथ लाहौर में नौजवान भारत सभा का गठन किया था।

लाला लाजपत राय की मौत का बदला लेने के लिये जब योजना बनी तो साण्डर्स का वध करने में इन्होंने भगत सिंह तथा राजगुरु का पूरा साथ दिया था। यही नहीं, सन् 1929 में जेल में कैदियों के साथ अमानवीय व्यवहार किये जाने के विरोध में राजनीतिक बन्दियों द्वारा की गयी व्यापक हड़ताल में बढ़-चढ़कर भाग भी लिया था। गान्धी-इर्विन समझौते के सन्दर्भ में इन्होंने एक खुला खत गान्धी के नाम अंग्रेजी में लिखा था जिसमें इन्होंने महात्मा जी से कुछ गम्भीर प्रश्न किये थे। उनका उत्तर यह मिला कि निर्धारित तिथि और समय से पूर्व जेल मैनुअल के नियमों को दरकिनार रखते हुए 23 मार्च 1931 को सायंकाल 7 बजे सुखदेव, राजगुरु और भगत सिंह तीनों को लाहौर सेण्ट्रल जेल में फाँसी पर लटका कर मार डाला गया। इस प्रकार भगत सिंह तथा राजगुरु के साथ सुखदेव भी मात्र 23 वर्ष की आयु में शहीद हो गये।

राजगुरु

शिवराम हरि राजगुरु भारतीय स्वतंत्रता संग्राम के एक प्रमुख क्रान्तिकारी थे। इन्हें भगत सिंह और सुखदेव के साथ 23 मार्च 1931 को फाँसी पर लटका दिया गया था। भारतीय स्वतंत्रता संग्राम के इतिहास में राजगुरु की शहादत एक महत्वपूर्ण घटना थी।

शिवराम हरि राजगुरु का जन्म भाद्रपद के कृष्णपक्ष की त्रयोदशी सम्वत् 1965 (विक्रमी) तदनुसार सन् 1908 में पुणे जिला के खेडा गाँव में हुआ था। 6 वर्ष की आयु में पिता का निधन हो जाने से बहुत छोटी उम्र में ही ये वाराणसी विद्याध्ययन करने एवं संस्कृत सीखने आ गये थे। इन्होंने हिन्दू धर्म-ग्रंन्थों तथा वेदों का अध्ययन तो किया ही लघु सिद्धान्त कौमुदी जैसा क्लिष्ट ग्रन्थ बहुत कम आयु में कण्ठस्थ कर लिया था। इन्हें कसरत (व्यायाम) का बेहद शौक था और छत्रपति शिवाजी की छापामार युद्ध-शैली के बडे प्रशंसक थे। वाराणसी में विद्याध्ययन करते हुए राजगुरु का सम्पर्क अनेक क्रान्तिकारियों से हुआ। चन्द्रशेखर आजाद से इतने अधिक प्रभावित हुए कि उनकी पार्टी हिन्दुस्तान सोशलिस्ट रिपब्लिकन आर्मी से तत्काल जुड़ गये। आजाद की पार्टी के अन्दर इन्हें रघुनाथ के छद्म-नाम से जाना जाता था, राजगुरु के नाम से नहीं। पण्डित चन्द्रशेखर आजाद, सरदार भगत सिंह और यतीन्द्रनाथ दास आदि क्रान्तिकारी इनके अभिन्न मित्र थे। राजगुरु एक अच्छे निशानेबाज भी थे। साण्डर्स का वध करने में इन्होंने भगत सिंह तथा सुखदेव का पूरा साथ दिया था जबकि चन्द्रशेखर आजाद ने छाया की भाँति इन तीनों को सामरिक सुरक्षा प्रदान की थी।

23 मार्च 1931 को इन्होंने भगत सिंह तथा सुखदेव के साथ लाहौर सेण्ट्रल जेल में फाँसी के तख्ते पर झूल कर अपने नाम को हिन्दुस्तान के अमर शहीदों की सूची में अहमियत के साथ दर्ज करा दिया।

दुर्गा भाभी

दुर्गा भाभी भारत के स्वतंत्रता संग्राम में क्रान्तिकारियों की प्रमुख सहयोगी थीं। 18 दिसम्बर 1928 को भगत सिंह ने इन्ही दुर्गा भाभी के साथ वेश बदल कर कलकत्ता-मेल से यात्रा की थी। दुर्गा भाभी क्रांतिकारी भगवती चरण वोहरा की धर्मपत्नी थीं। दुर्गा भाभी का जन्म सात अक्टूबर 1902 को शहजादपुर ग्राम में पंडित बांके बिहारी के यहां हुआ। इनके पिता इलाहाबाद कलेक्ट्रेट में नाजिर थे और इनके

बाबा महेश प्रसाद भट्ट जालौन जिला में थानेदार के पद पर तैनात थे। इनके दादा पं. शिवशंकर शहजादपुर में जमींदार थे जिन्होंने बचपन से ही दुर्गा भाभी के सभी बातों को पूर्ण करते थे।

दस वर्ष की अल्प आयु में ही इनका विवाह लाहौर के भगवती चरण वोहरा के साथ हो गया। इनके ससुर शिवचरण जी रेलवे में ऊंचे पद पर तैनात थे। अंग्रेज सरकार ने उन्हें राय साहब का खिताब दिया था। भगवती चरण वोहरा राय साहब का पुत्र होने के बावजूद अंग्रेजों की दासता से देश को मुक्त कराना चाहते थे। वे क्रांतिकारी संगठन के प्रचार सचिव थे। वर्ष 1920 में पिता जी की मृत्यु के पश्चात भगवती चरण वोहरा खुलकर क्रांति में आ गए और उनकी पत्नी दुर्गा भाभी ने भी पूर्ण रूप से सहयोग किया। सन् 1923 में भगवती चरण वोहरा ने नेशनल कॉलेज बी.ए. की परीक्षा उत्तीर्ण की और दुर्गा भाभी ने प्रभाकर की डिग्री हासिल की। दुर्गा भाभी का मायका व ससुराल दोनों पक्ष संपन्न था। ससुर शिवचरण जी ने दुर्गा भाभी को 40 हजार व पिता बांके बिहारी ने पांच हजार रुपये संकट के दिनों में काम आने के लिए दिए थे लेकिन इस दंपती ने इन पैसों का उपयोग क्रांतिकारियों के साथ मिलकर देश को आजाद कराने में उपयोग किया। मार्च 1926 में भगवती चरण वोहरा व भगत सिंह ने संयुक्त रूप से नौजवान भारत सभा का प्रारूप तैयार किया और रामचंद्र कपूर के साथ मिलकर इसकी स्थापना की। सैकड़ों नौजवानों ने देश को आजाद कराने के लिए अपने प्राणों का बलिदान वेदी पर चढ़ाने की शपथ ली। भगत सिंह व भगवती चरण वोहरा सहित सदस्यों ने अपने रक्त से प्रतिज्ञा पत्र पर हस्ताक्षर किए। 28 मई 1930 को रावी नदी के तट पर साथियों के साथ बम बनाने के बाद परीक्षण करते समय वोहरा जी शहीद हो गए। उनके शहीद होने के बावजूद दुर्गा भाभी साथी क्रांतिकारियों के साथ सक्रिय रहीं।

9 अक्टूबर 1930 को दुर्गा भाभी ने गवर्नर हैली पर गोली चला दी थी जिसमें गवर्नर हैली तो बच गया लेकिन सैनिक अधिकारी टेलर घायल हो गया। मुंबई के पुलिस कमिश्नर को भी दुर्गा भाभी ने गोली मारी थी जिसके परिणाम स्वरूप अंग्रेज पुलिस इनके पीछे पड़ गई। मुंबई के एक फ्लैट से दुर्गा भाभी व साथी यशपाल को गिरफ्तार कर लिया गया। दुर्गा भाभी का काम साथी क्रांतिकारियों के लिए राजस्थान से पिस्तौल लाना व ले जाना था। चंद्रशेखर आजाद ने अंग्रेजों से लड़ते वक्त जिस पिस्तौल से खुद को गोली मारी थी उसे दुर्गा भाभी ने ही लाकर उनको दी थी। उस समय भी दुर्गा भाभी उनके साथ ही थीं। उन्होंने पिस्तौल चलाने की ट्रेनिंग लाहौर व कानपुर में ली थी। भगत सिंह व बटुकेश्वर दत्त जब केंद्रीय असेंबली में बम फेंकने जाने लगे तो दुर्गा भाभी व सुशीला

मोहन ने अपनी बाहें काट कर अपने रक्त से दोनों लोगों को तिलक लगाकर विदा किया था। असेंबली में बम फेंकने के बाद इन लोगों को गिरफ्तार कर लिया गया तथा फांसी दे दी गई।

साथी क्रांतिकारियों के शहीद हो जाने के बाद दुर्गा भाभी एकदम अकेली पड़ गई। वह अपने पांच वर्षीय पुत्र शचींद्र को शिक्षा दिलाने की व्यवस्था करने के उद्देश्य से वह साहस कर दिल्ली चली गई। जहां पर पुलिस उन्हें बराबर परेशान करती रहीं। दुर्गा भाभी उसके बाद दिल्ली से लाहौर चली गई, जहां पर पुलिस ने उन्हें गिरफ्तार कर लिया और तीन वर्ष तक नजरबंद रखा। फरारी, गिरफ्तारी व रिहाई का यह सिलसिला 1931 से 1935 तक चलता रहा। अंत में लाहौर से जिलाबदर किए जाने के बाद 1935 में गाजियाबाद में प्यारेलाल कन्या विद्यालय में अध्यापिका की नौकरी करने लगी और कुछ समय बाद पुनः दिल्ली चली गई और कांग्रेस में काम करने लगीं। कांग्रेस का जीवन रास न आने के कारण उन्होंने 1937 में कांग्रेस छोड़ दिया। 1939 में इन्होंने मद्रास जाकर मारिया मांटेसरी से मांटेसरी पद्धति का प्रशिक्षण लिया तथा 1940 में लखनऊ में कैंट रोड के (नजीराबाद) एक निजी मकान में सिर्फ पांच बच्चों के साथ मांटेसरी विद्यालय खोला। आज भी यह विद्यालय लखनऊ में मांटेसरी इंटर कॉलेज के नाम से जाना जाता है। 14 अक्टूबर 1999 को गाजियाबाद में उन्होंने सबसे नाता तोड़ते हुए इस दुनिया से अलविदा कर लिया।

5

शहीद चन्द्रशेखर आजाद के जीवन के रोचक प्रसंग

इस राष्ट्र के निर्माण में, इसकी स्वतन्त्रता के लिए न जाने कितने वीरों ने अपने प्राणों का बलिदान किया, उनमें से अनेक वीरों के नाम भी ज्ञात नहीं हैं। जिन क्रान्तिकारी वीरों के नाम ज्ञात भी हैं। उन्हें भी आज हम भूल जैसे गए हैं। उनके नाम केवल इतिहास की पुस्तकों तक ही सीमित रह गए हैं। भारतीय स्वतन्त्रता का इतिहास सन् 1857 की क्रान्ति से ही प्रारम्भ होता है। यद्यपि स्वतंत्रता के इस पहले संग्राम को अंग्रेजों ने असफल कर दिया था, फिर भी दासता की जंजीरों में बँधे भारतीयों को इससे जो प्रेरणा मिली, उसी प्रेरणा ने उन्हें स्वत्रंता के लिए लगातार प्रयत्न करने की शिक्षा दी। भारतीय राष्ट्रीय कांग्रेस की स्थापना के बाद भले ही इस दल ने स्वतन्त्रता-प्राप्ति के लिए अहिंसक आधार पर स्वतन्त्रता की लड़ाई लड़ी, आज सारा श्रेय कांग्रेस को ही दिया जाता है। किन्तु कांग्रेस के साथ ही भारत के क्रांतिकारी सपूतों ने भी अंग्रेजों के विरुद्ध सामानान्तर रूप में युद्ध किया। अंग्रेज सरकार के लिए ये क्रान्तिकारी एक चुनौती बन गए थे। हिंसा के माध्यम से विदेशी शासकों को देश से निकाल बाहर करना और मातृभूमि को स्वतन्त्र कराना ही इनका लक्ष्य था।

भयंकर विपत्तियों का सामना करते हुए सभी-सुख-सुविधाओं को त्यागकर, अपने प्राणों की परवाह न करके भारतीय वीर क्रान्तिकारी अपने पावक कार्य को आगे बढ़ाते रहे। इन्हीं वीरों में एक नाम वीर शिरोमणि अमर शहीद चन्द्रशेखर आजाद का भी है, जिन्होंने मातृभूमि की स्वत्रन्त्रता के लिए अपने जीवन को ही बलिदान कर दिया। यहाँ वीर का जीवन-चरित्र प्रस्तुत किया जा रहा है।

पुण्य भूमि भारत की इस पावन धरती ने अनेक नर रत्नों को जन्म दिया है जिन्होंने अपने पौरुष, शौर्य और संकल्प से उसका मान बढ़ाया है। ऐसे ही अनेकों ने महापुरुषों एवं क्रांतिकारियों की परम्परा पर चलते हुये देश के स्वाभिमान और संस्कृति के लिये अपने आपको समर्पित कर देश भक्ति की मशाल को जगाये रखा। उन्हीं में से एक थे पं. चन्द्रशेखर आजाद। जो व्यक्ति देश के लिये जीता है और देश के लिये भरता है, वही अजर अमर होता है, इस महापुरुष ने जितने दिन जीवन जिया-अपनी विलक्षण प्रतिभा, स्वाभिमान और अटूट देशभक्ति का ही परिचय दिया।

राष्ट्र जीवन की बलिवेदी पर अपने को न्यौछावर करने वाले इस विलक्षण व्यक्तित्व के धनी व्यक्ति का जन्म एक अभावग्रस्त परिवार में हुआ था। इसके बावजूद उन्होंने अपने जीवन में भौतिक लालसाओं पर अपनी दृष्टि डाली ही नहीं। स्वयं देश के लिये समर्पित रहे और अपने साथियों को उसी राह पर चलने के लिये प्रोत्साहित करते रहे। देश की गुलामी का कलंक दूर करने के लिये शंखनाद करने वाले इस यशस्वी जननायक की जयन्ती पर उनका पावन स्मरण लोभ एवं कुदृष्टि की ओर प्रेरित करने वाली वर्तमान परिस्थितियों में प्रेरणादायक सिद्ध होगा।

इस महान बलिदानी भारतमाता के सपूत का जन्म झाबुआ की अलीराजपुर तहसील के भाभरा ग्राम के एक ब्राम्हण परिवार के घर पर अभावग्रस्त परिस्थितियों में हुआ था। उनके स्वनाम धन्य पिता श्री सीताराम और माता जगरानी देवी अपनी अत्यंत छोटी सी कृषि भूमि के जरिये अपने परविार का किसी तरह लालन-पालन करते थे। वनवासी बहुल इस क्षेत्र में दूर-दूर तक एक भी पाठशाला नहीं थी। इस कारण बालक चन्द्रशेखर को शिक्षा के लिये काशी के संस्कृत विद्यालय में भेजने का निर्णय लिया गया था। वहां उन्होंने अल्पकाल में ही अपनी विलक्षण प्रतिभा का परिचय दिया। यहां रहकर उन्होंने अध्ययन तो किया ही साथ ही साहस, स्वाभिमान और अटूट देशभक्ति का पाठ भी सीखा। यह वह समय था जब अंग्रेजी शासन के खिलाफ असहयोग आन्दोलन का ज्वार उभार पर था, विदेशी वस्तुओं की होली जलायी जा रही थी। स्वदेशी वस्तुओं के प्रयोग का आग्रह किया जा रहा था।

चन्द्रशेखर जी बचपन से ही कुशाग्रबुद्धि के साथ निर्भीक एवं साहसी भी थे अध्ययन काल के दौरान उन्हीं दिनों बालक चन्द्रशेखर बिजली के खम्बे से सटकर खड़े। तभी एक कांस्टेबल ने डपटकर पूछा यहां क्या कर रहे हो? आजाद ने डरने का नाटक किया और चकमा देकर भाग निकले। आने जाने वालों ने देखा कि इस बालक ने ठीक चौराहे पर पोस्टर चिपकाया है जिसमें सरकार को कड़ी चेतावनी दी गयी थी।

उस समय के बाल सुलभ विचारों वाले युवक ने भविष्य की अपनी भूमिका स्वयं निर्धारित कर ली थी। एक अन्य घटना। एक दिन सत्याग्रहियों के साथ बुरा सुलूक कर रही पुलिस को देखकर यह चौदह वर्षीय बालक अपने अपको रोक नहीं पाया। उसने उस अंग्रेज अधिकारी पर पत्थर से अचूक निशाना साधा। उस पत्थर की चोट से वह अधिकारी लहू लुहान हो गया। उस समय तो बालक चन्द्रशेखर भाग सकने में सफल हो गये लेकिन दो माह बाद पकड़ लिये गये। अदालत में पेश किया गया। लेकिन उनके तेवर में उस समय भी कोई झिझक नहीं थी। वहां भी उन्होंने अपना नाम 'आजाद' और पिता का नाम 'स्वतंत्र' और पता 'जेलखाना' बतलाया। क्रोधित मजिस्ट्रेट ने 15 बेतों की कठोर सजा सुनायी जल्लाद द्वारा प्रहार किये जाने वाले एक बेंत पर 'भारत माता की जय' का ही जय घोष लोगों ने सुना, पीड़ादायक आह नहीं। सारा शरीर रक्त रंजित हो चुका था पर चेहरे पर शिकन नहीं थी। उसी दिन से चन्द्रशेखर आम चर्चा के विषय बन गये। उसी दिन उन्होंने यह संकल्प ले लिया था कि अब भविष्य में पुलिस उन्हें जिन्दा नहीं पकड़ सकेगी। इस समय तक उनके मन में यह धारणा गहरे तक बैठ चुकी थी कि अहिंसा के रास्ते इस देश को अजादी नहीं मिल पायेगी। इसलिये उन्होंने तत्कालीन प्रख्यात क्रांतिकारी नेता शचीन्द्रनाथ के नेतृत्व वाले हिन्दुस्तान प्रजातंत्र संघ' में शामिल होने का निर्णय लिया। वहां उनकी पं. रामप्रसाद बिस्मिल जैसे प्रख्यात क्रांतिकारियों से मुलाकात हुयी। बाद में उन्होंने लाल किले में देशभर के क्रांतिकारियों से मुलाकात के लिये गुप्त बैठकों का आयोजन किया। इन्हीं बैठकों के परिणामस्वरूप 'हिन्दुस्थानी समाजवादी प्रजातंत्र सेना' के नाम से एक संगठन की आधारशिला रखी गयी आजाद ही इस संगठन के सिरमौर कमान्डर बनाये गये। इनके लगातार प्रयासों से देशभर में क्रांतिकारी युवकों का जाल फैला दिया गया।

इसी समय साईमन कमीशन का भारत आगमन हुआ था। देशभर में उसका सख्त विरोध किया जा रहा था। इसी समय एक घटना घटी जिसने क्रांतिकारियों के मन में अंग्रेजों के खिलाफ गुस्सा और ज्यादा ही फूट पड़ा। लाहौर में साईमन कमीशन का विरोध करते समय पुलिस की बर्बर कार्यवाही के दौरान लाला लाजपतराय बुरी तरह घायल हो गये और बाद में उनका निधन हो गया। इस घटना की देशभर में व्यापक प्रतिक्रिया हुयी। क्रांतिकारियों ने अंग्रेज पुलिस को सबक सिखाने के उद्देश्य से 15 दिसम्बर 1928 को उसे गोली मार दी। राजगुरु और भगत सिंह ने गोलियां चलायी और आजाद ने उसका पीछा करते पुलिस कर्मियों को रोका। क्रांतिकारियों की इस कार्रवाई से अंग्रेज सरकार ने बौखलाकर लाहौर में भीषण दमन चक्र चलाया।

एक प्रकार से लाहौर की घेराबन्दी ही कर दी गयी लेकिन पुलिस को इन क्रांतिकारियों की गिरफ्तारी के मामलें में किसी प्रकार की सफलता नहीं मिल सकी। ये लोग सकुशल अपनी योजना के अनुसार लाहौर से बाहर निकल गये।

इसके बाद दिल्ली के असेम्बली भवन में भगत सिंह और बटुकेश्वर दत्त ने तैयार की गई योजना के मुताबिक बम का धमाका कर गिरफ्तारी दे दी। बाद में और क्रांतिकारी भी पकड़े गये। लेकिन आजाद पुलिस की पकड़ से बाहर ही रहे।

26 फरवरी 1931 को जब आजाद इलाहाबाद के अल्फ्रेड पार्क में अपने कुछ क्रांतिकारी सहयोगियों के साथ आगे के कार्यक्रमों की योजना बना रहे थे, तब पुलिस ने पार्क को चारों ओर से घेर लिया। इस विषम परिस्थिति में भी अपने साथियों के लिये निकल जाने का सुरक्षित मार्ग बनाते हुये, पुलिस का मुकाबला करते रहे। अन्त में जब उनके पास रिवाल्वर में एक गोली शेष रह गयी तब उसे अपनी कनपटी में लगाकर अपनी इहलीला समाप्त करते हुये भारत माता की गोद में चिरनिद्रा में सो गये।

ऐसे महान बलिदानी का स्मरण करने यह अवसर है जब हम उनके जीवन से सच्चे देशभक्त होने की प्रेरणा ले सकते हैं। इन महान आत्मा ने राष्ट्र के वैभव के लिये ही जीवन जिया और उसके लिये ही समर्पित कर दिया। उन्होंने यह भी संदेश दिया है कि जो व्यक्ति अपने जीवन मूल्यों अर्थात् संस्कृति की रक्षा करते हैं जीवन में अपनाते हैं, संगठित होकर रहते हैं, उन्हें कोई भी शक्ति नुकसान नहीं पहुंचा सकती। वे निरन्तर प्रगति पथ पर अग्रसर होते हैं। लेकिन वर्तमान विषम परिस्थितियों में आजादी के बाद से अब तक सांस्कृतिक विरासत, इतिहास, परम्परा, भाषा, वेशभूषा, महापुरुष, जाति, सम्प्रदाय आदि सभी को विकृत करने की चेष्टा में जारी है जिसके कारण हमने भुला दिया कि हमारा आदर्श क्या है? हमारा इस धरा पर जन्म क्यों हुआ है? पं. चन्द्रशेखर आजाद के प्रेरणादायक बलिदानी जीवन को आत्मसात करें। उनके चरणों में शतशत नमन।

वह पन्द्रह बेतों की सजा

1919 में हुए अमृतसर के जलियांवाला बाग नरसंहार ने देश के नवयुवकों को उद्वेलित कर दिया। चन्द्रशेखर उस समय पढ़ाई कर रहे थे। तभी से उनके मन में एक आग धधक रही थी। जब गांधीजी ने सन् 1921 में असहयोग आन्दोलन का फरमान जारी किया तो वह आग ज्वालामुखी बनकर फट पड़ी और तमाम अन्य छात्रों की भाँति चन्द्रशेखर भी सड़कों पर उतर आये। अपने विद्यालय के छात्रों के जत्थे के

साथ इस आन्दोलन में भाग लेने पर वे पहली बार गिरफ्तार हुए और उन्हें 15 बेतों की सजा मिली। इस घटना का उल्लेख पं. जवाहरलाल नेहरू ने कायदा तोड़ने वाले एक छोटे से लड़के की कहानी के रूप में किया है। नेहरु जी के शब्दों में-ऐसे ही कायदे (कानून) तोड़ने के लिये एक छोटे से लड़के को, जिसकी उम्र 15 या 16 साल की थी और जो अपने को आजाद कहता था, बेंत की सजा दी गयी। वह नंगा किया गया और बेंत की टिकटी से बाँध दिया गया। जैसे-जैसे बेंत उस पर पड़ते थे और उसकी चमड़ी उधेड़ डालते थे, वह भारत माता की जय! चिल्लाता था। हर बेंत के साथ वह लड़का तब तक यही नारा लगाता रहा, जब तक वह बेहोश न हो गया। बाद में वही लड़का उत्तर भारत के आतंककारी कार्यों के दल का एक बड़ा नेता बना।

अर्जुन की तरह लक्ष्य पर ध्यान

पंडित जी की प्रचंड देशभक्ति के तमाम किस्से मशहूर हैं। उनके सामने एक ही लक्ष्य था, भारत की आजादी और बाकी सारे मुद्दे गौण थे इस लक्ष्य के सामने। व्यक्तिगत जीवन का तो कोई मोल था ही नहीं उनके लिये इस लक्ष्य को पाने के लिये तो जीवन में सुख सुविधाओं की चिंता करने का तो प्रश्न ही नहीं उठता उनके मामले में।

अर्जुन की तरह पंडित जी अपना पूरा ध्यान इसी एक बात पर लगाये रहते थे कि कैसे आजादी प्राप्त की जाये। मुल्क की आजादी पाने के लिये उन्होने हिन्दुस्तान सोशलिस्ट रिपब्लिकन एसोसियेसन की स्थापना की थी और शहीद भगत सिंह, राजगुरु, सुखदेव एवं बटुकेश्वर दत्त आदि भी इसके सदस्य बने।

उनके जीवन से विशुद्ध आजादी के प्रयासों के अलावा भी और बहुत सारे रोचक प्रसंग जुड़े हुये हैं। उनमें से कुछ का जिक्र यहाँ किया जा सकता है।

बात उन दिनों की है जब भगत सिंह, राजगुरु, सुखदेव और बटुकेश्वर दत्त भी इलाहाबाद में प्रवास कर रहे थे। एक दिन सुखदेव कहीं से एक कैलेंडर ले आये जिस पर शायद किसी सिने तारिका की मनमोहक तस्वीर छपी थी। सुखदेव को कैलेंडर अच्छा लगा और उन्होंने उसे लाकर कमरे की दीवर पर टांग दिया और बाद में वे बाहर चले गये। उनके जाने के बाद पंडित जी वहाँ पँहुचे और ऐसे कैलेंडर को देखकर उनकी भृकुटी तन गयी, उनके गुस्से को देखकर वहाँ मौजूद अन्य साथी डर गये। वे सब पंडित जी का मिजाज जानते थे। पंडित जी ने किसी से कुछ नहीं कहा पर कैलेंडर को उतार कर फाड़कर फेंक दिया। कुछ समय बाद सुखदेव वापिस आ गये। दीवार पर कैलेंडर न देख कर वे इधर-उधर देखने लगे और उन्हें उसके अवशेष

दिखायी दिये तो वे क्रोधित हो गये। वे भी गर्म मिजाज के व्यक्ति थे। उन्होंने गुस्से में सबको ललकारा कि किसने उनके लाये कैलेंडर की यह दशा की है?

पंडित जी ने शांत स्वर में उनसे कहा, "हमने किया है"?

सुखदेव थोड़ा बहुत कसमसाये परंतु पंडित जी के सामने क्या बोलते सो धीरे से बोले कि अच्छी तस्वीर थी।

पंडित जी ने कहा,"यहाँ ऐसी तस्वीरों का क्या काम"।

उन्होने सुखदेव को समझा दिया कि ऐसे किसी भी आकर्षण से लोगों का ध्यान ध्येय से भटक सकता है।

जब महिलाओं ने चुड़ियाँ पहनाने के लिए आजाद का हाथ पकड़ा

यह घटना दूसरे दशक के अंत की है। अंग्रेजों का दमन चक्र तेजी से चल रहा था और जनता में खासा रोष था। एक दिन महिलायें इलाहाबाद में जुलूस निकाल रही थीं और हाथ पड़ जाने वाले किसी भी पुरुष पर खासी लानत भेज रहीं थीं उन्हे चुनौती देकर कि वे कुछ नहीं कर पा रहे हैं। आजाद अपने किसी साथी के साथ वहाँ से गुजर रहे थे। महिलाओं ने उन्हें घेर लिया और एक महिला ने गरजते हुए उन पर शब्दों से आक्रमण कर दिया, "आप लोगों से कुछ होने वाला नहीं है, आप सब मर्दों को चूड़ी पहन कर घर बैठ जाना चाहिये"।

एक दो महिलाओं ने आजाद के हाथ पकड़ लिये और कहने लगीं कि इन्हें चूड़ियां पहनाओ।

जाहिर था कि उन्होने आजाद को पहचाना नहीं था।

आजाद मुस्कुराये और उन्होंने अपनी कलाइयाँ बढ़ाते हुये कहा कि लो बहन पहना लो चूड़ियाँ।

कद्दावर शरीर के मालिक आजाद के हृष्ट-पुष्ट हाथों के चौड़े गट्टों में भला कौन सी चूड़ी चढ़ सकती थी?

कुछ देर में महिलायें शर्मिंदा हो गयीं।

प्रेम का बलिदान

यह घटना उस समय की है जब आजाद चाकू चलाने की कला में माहिर एक उस्ताद से चाकू चलाना सीखा करते थे। उस्ताद जी पंडित जी को छत पर चाकू चलाना सिखाते थे। पास ही स्थित एक दूसरे घर की छत से, जो इस घर की छत से थोड़ा ऊँची थी, रोज एक युवती और उसका छोटा भाई इस ट्रेनिंग को देखा करते

थे। दोनों नियत समय पर छत पर आकर बैठ जाते थे और आजाद को ट्रेनिंग लेते हुये देखते थे।

एक दिन ऐसा संयोग हुआ कि सीखते हुये आजाद का ध्यान थोड़ा हट गया और उस्ताद जी का चाकू उनके शरीर को छीलता हुआ निकल गया। उस्ताद जी और उनके शागिर्द पंडित जी के घाव को देख रहे थे कि उस दूसरी छत से बहुत सारी चीजें वहां बरसनी शुरू हो गयीं। युवती, जो भी उसके हाथों में आ रहा था वह उसे निशाना साध कर उस्ताद जी के ऊपर फेंक रही थी और उसका छोटा भाई भी उसकी सहायता कर रहा था।

उस्ताद जी ने मुस्कुराते हुये पंडित जी से कहा, "लगता है लड़की का दिल लग गया है तुमसे"

प्रेम, विवाह, परिवार, धन-सम्पत्ति आदि सब तरह के सुख जो एक सामान्य मनुष्य अपने जीवन में चाहता है, उन्हें पंडित चन्द्रशेखर आजाद जैसे देशभक्तों ने अपने जीवन में प्रवेश करने ही नहीं दिया। जिस बहुमूल्य आजादी का आज हम सब जीवित लोग दुरुपयोग करके देश को रसातल में पहुँचा रहे हैं, वह ऐसी महान आत्माओं के बलिदान से हमें मिली है। ये सब लोग इतने कर्मठ और काबिल थे कि ऐश्वर्य से भरपूर जीवन जी सकते थे पर वे तैयार नहीं थे स्वाभिमान को ताक पर रखकर गुलामी में जीने को और देशवासियों को गुलामी की जंजीरों से छुड़वाने के लिये उन्होंने अपने जीवन होम कर दिये।

चिंगारी जो बनी शोला

भारतीय स्वतंत्रता संग्राम में देश के कई क्रांतिकारी वीर-सपूतों की याद आज भी हमारी रुह में जोश और देशप्रेम की एक लहर पैदा कर देती है। एक वह समय था जब लोग अपना सब कुछ छोड़कर देश को आजाद कराने के लिए बलिदान देने को तैयार रहते थे और एक आज का समय है जब अपने ही देश के नेता अपनी ही जनता को मार कर खाने पर तुले हैं। देशभक्ति की जो मिशाल हमारे देश के क्रांतिकारियों ने पैदा की थी अगर उसे आग की तरह फैलाया जाता तो संभव था आजादी हमें जल्दी मिल जाती।

वीरता और पराक्रम की कहानी हमारे देश के वीर क्रांतिकारियों ने रखी थी वह आजादी की लड़ाई की विशेष कड़ी थी जिसके बिना आजादी मिलना नामुमकिन था।

देशप्रेम, वीरता और साहस की एक ऐसी ही मिशाल थे शहीद क्रांतिकारी चन्द्रशेखर आजाद। 25 साल की उम्र में भारत माता के लिए शहीद होने वाले इस

महापुरुष के बारें में जितना कहा जाए उतना कम है। आज ही के दिन साल 1931 में चन्द्रशेखर आजाद शहीद हुए थे। उन्हीं की याद में प्रस्तुत है उनके जीवन के एक छोटा-सा वृतांत, पृथ्वी पर चन्द्रशेखर आजाद जैसे योद्धा का अवतरण एक चमत्कारिक सत्य है, जिससे बदरिकाश्रम के समान पवित्र उन्नाव जिले का बदरका गांव संसार में जाना जाता है। कानपुर जिसे हम क्रांति-राजधानी कह सकते हैं, के निकटवर्ती इसी जनपद में पं. सीताराम तिवारी के पुत्र के रूप में जन्मलब्ध चन्द्रशेखर का बाल्यकाल मालवा प्रदेश में व्यतीत हुआ।

असहयोग आंदोलन से जागे देश में दमन-चक्र जारी था, सत्याग्रहियों के बीच निकल पड़े, प्रस्तरखंड उठाया, बेंत बरसाने वालों में से एक सिपाही के सिर में दे मारा। पेशी होने पर अपना नाम आजाद, काम आजादी के कारखाने में मजदूरी और निवास जेलखाने में बताया। गुस्साए अंग्रेज मजिस्ट्रेट ने पंद्रह बेंतों की सख्त सजा सुनाई। हर सांस में वंदेमातरम का निनाद करते हुए उन्होंने यह परीक्षा भी उत्तीर्ण की।

अचूक निशानेबाज आजाद ने अपना पावन शरीर मातृभूमि के शत्रुओं को फिर कभी छूने नहीं दिया। क्रांति की जितनी योजनाएं बनीं सभी के सूत्रधार आजाद थे। कानपुर में भगत सिंह से भेंट हुई। साथियों के अनुरोध पर आजाद एक रात घर गए और सुषुप्त मां एवं जागते पिता को प्रणाम कर कर्तव्यपथ पर वापस आ गए। सांडर्स का वध-विधान पूरा कर राजगुरु, भगत सिंह और आजाद फरार हो गए। 8 अप्रैल 1929 को श्रमिक विरोधी ट्रेड डिस्प्यूट बिल का परिणाम सभापति द्वारा खोलते ही, इसके लिए नियुक्त दर्शक-दीर्घा में खड़े दत्त और भगत सिंह को असेंबली में बम के धमाके के साथ इंकलाब जिंदाबाद का नारा बुलंद करते गिरफ्तार कर लिया गया। भगत सिंह को छुड़ाने की योजना चन्द्रशेखर ने बनाई, पर बम जांचते वोहरा सहसा शहीद हो गए। घर में रखा बम दूसरे दिन फट जाने से योजना विफल हो गई। हमारी आजादी की नींव में उन सूरमाओं का इतिहास अमर है जिन्होंने हमें स्वाभिमानपूर्वक अपने इतिहास और संस्कृति की संरक्षा की अविचल प्रेरणा प्रदान की है।

चंद्रशेखर आजाद को वेश बदलने में बहुत माहिर माना जाता था। वह रूसी क्रांतिकारियों की कहानी से बहुत प्रेरित थे। चन्द्रशेखर आजाद की वीरता की कहानियां कई हैं, जो आज भी युवाओं में देशप्रेम की लहर पैदा कर देती हैं। देश को अपने इस सच्चे वीर स्वतंत्रता सेनानी पर हमेशा गर्व रहेगा।

शहीद चन्द्रशेखर आजाद की मौत

आज हम जिस आजाद भारत में जी रहे हैं वह कई देशभक्तों की देशभक्ति और त्याग की वेदी रो सजी हुई है। भारत आज जहां भ्रष्टाचारियों से भरा हुआ नजर

आता है वहीं एक समय ऐसा भी था जब देश का बच्चा-बच्चा देशभक्ति के गाने गाता था। भारत में ऐसे भी काफी देशभक्त तो ऐसे थे, जिन्होंने छोटी सी उम्र में ही देश के लिए अतुलनीय त्याग और बलिदान देकर अपना नाम स्वर्णिम अक्षरों में अंकित करवाया। इन्हीं महान देशभक्तों में से एक थे चन्द्रशेखर आजाद।

चन्द्रशेखर आजाद का जन्म 23 जुलाई, 1906 को उत्तर प्रदेश के जिला उन्नाव के बदरका नामक गाँव में ईमानदार और स्वाभिमानी प्रवृति के पंडित सीताराम तिवारी के घर श्रीमती जगरानी देवी की कोख से हुआ।

बचपन से ही उन्हें देशभक्ति में रुचि थी। 1920-21 के वर्षों में वे गाँधीजी के असहयोग आंदोलन से जुड़े वे गिरफ्तार हुए और जज के समक्ष प्रस्तुत किए गए, जहां उन्होंने अपना नाम 'आजाद', पिता का नाम 'स्वतंत्रता' और 'जेल' को उनका निवास बताया। उन्हें 15 कोड़ों की सजा दी गई। हर कोड़े के वार के साथ उन्होंने, 'वन्दे मातरम्' और 'महात्मा गाँधी की जय' का स्वर बुलन्द किया। इसके बाद वे सार्वजनिक रूप से आजाद कहलाए।

सन् 1922 में गांधीजी द्वारा असहयोग आन्दोलन को अचानक बन्द कर देने के कारण उनकी विचारधारा में बदलाव आया और वे क्रान्तिकारी गतिविधियों से जुड़ कर हिन्दुस्तान रिपब्लिकन एसोसिएशन के सक्रिय सदस्य बन गये। इस संस्था के माध्यम से उन्होंने राम प्रसाद बिस्मिल के नेतृत्व में पहले 9 अगस्त, 1925 को काकोरी काण्ड किया और फरार हो गये। बाद में एक-एक करके सभी क्रान्तिकारी पकड़े गए, पर चन्द्रशेखर आजाद कभी भी पुलिस के हाथ में नहीं आए।

कहानी आखिरी पल की

27 फरवरी, 1931 का वह दिन भी आया जब इलाहाबाद के अल्फ्रेड पार्क में देश के सबसे बड़े क्रांतिकारी को मार दिया गया। 27 फरवरी, 1931 के दिन चन्द्रशेखर आजाद अपने साथी सुखदेव राज के साथ बैठकर विचार-विमर्श कर रहे थे कि तभी वहां अंग्रेजों ने उन्हें घेर लिया। चन्द्रशेखर आजाद ने सुखदेव को तो भगा दिया पर खुद अंग्रेजों का अकेले ही सामना करते रहे। अंत में जब अंग्रेजों की एक गोली उनकी जांघ में लगी तो अपनी बंदूक में बची एक गोली को उन्होंने खुद ही मार ली और अंग्रेजों के हाथों मरने की बजाय खुद ही आत्महत्या कर ली। कहते हैं मौत के बाद अंग्रेजी अफसर और पुलिसवाले चन्द्रशेखर आजाद की लाश के पास जाने से भी डर रहे थे।

6

मूल्यांकन

काकोरी ट्रेन डकैती और साण्डर्स की हत्या में शामिल निर्भय क्रांतिकारी चंद्रशेखर आजाद, का जन्म 23 जुलाई, 1906 को उन्नाव, उत्तर प्रदेश में हुआ था। चंद्रशेखर आजाद का वास्तविक नाम चंद्रशेखर सीताराम तिवारी था। चंद्रशेखर आजाद का प्रारंभिक जीवन आदिवासी बाहुल्य क्षेत्र भावरा गांव में व्यतीत हुआ। भील बालकों के साथ रहते-रहते चंद्रशेखर आजाद ने बचपन में ही धनुष बाण चलाना सीख लिया था। चंद्रशेखर आजाद की माता जगरानी देवी उन्हें संस्कृत का विद्वान बनाना चाहती थीं। इसीलिए उन्हें संस्कृत सीखने लिए काशी विद्यापीठ, बनारस भेजा गया। दिसंबर 1921 में जब गांधी जी द्वारा असहयोग आंदोलन की शुरुआत की गई उस समय मात्र चौदह वर्ष की उम्र में चंद्रशेखर आजाद ने इस आंदोलन में भाग लिया जिसके परिणामस्वरूप उन्हें गिरफ्तार कर मजिस्ट्रेट के समक्ष उपस्थित किया गया। जब चंद्रशेखर से उनका नाम पूछा गया तो उन्होंने अपना नाम आजाद और पिता का नाम स्वतंत्रता बताया। यहीं से चंद्रशेखर सीताराम तिवारी का नाम चंद्रशेखर आजाद पड़ गया था। चंद्रशेखर को पंद्रह दिनों के कड़े कारावास की सजा प्रदान की गई।

1922 में गांधी जी द्वारा असहयोग आंदोलन को स्थगित कर दिया गया। इस घटना ने चंद्रशेखर आजाद को बहुत आहत किया। उन्होंने ठान लिया कि किसी भी तरह देश को स्वतंत्रता दिलवानी ही है। एक युवा क्रांतिकारी प्रणवेश चटर्जी ने उन्हें हिंदुस्तान रिपब्लिकन एसोसिएशन जैसे क्रांतिकारी दल के संस्थापक राम प्रसाद बिस्मिल से मिलवाया। आजाद इस दल और बिस्मिल के समान स्वतंत्रता और बिना किसी भेद-भाव के सभी को अधिकार जैसे विचारों से बहुत प्रभावित हुए। चंद्रशेखर

आजाद के समर्पण और निष्ठा की पहचान करने के बाद बिस्मिल ने चंद्रशेखर आजाद को अपनी संस्था का सक्रिय सदस्य बना दिया। अंग्रेजी सरकार के धन की चोरी और डकैती जैसे कार्यों को अंजाम दे कर चंद्रशेखर आजाद अपने साथियों के साथ संस्था के लिए धन एकत्र करते थे। लाला लाजपत राय की हत्या का बदला लेने के लिए चंद्रशेखर आजाद ने अपने साथियों के साथ मिलकर सॉण्डर्स की हत्या भी की थी। आजाद का यह मानना था कि संघर्ष की राह में हिंसा होना कोई बड़ी बात नहीं है इसके विपरीत हिंसा बेहद जरूरी है। जलियांवाला बाग जैसे अमानवीय घटनाक्रम जिसमें हजारों निहत्थे और बेगुनाहों पर गोलियां बरसाई गईं, ने चंद्रशेखर आजाद को बहुत आहत किया जिसके बाद उन्होंने हिंसा को ही अपना मार्ग बना लिया।

चंद्रशेखर आजाद ने एक निर्धारित समय के लिए झांसी को अपना गढ़ बना लिया। झांसी से पंद्रह किलोमीटर दूर ओरछा के जंगलों में वह अपने साथियों के साथ निशानेबाजी किया करते थे। अचूक निशानेबाज होने के कारण चंद्रशेखर आजाद दूसरे क्रांतिकारियों को प्रशिक्षण देने के साथ-साथ पंडित हरिशंकर ब्रह्मचारी के छूद्म नाम से बच्चों के अध्यापन का कार्य भी करते थे। वह धिमारपुर गांव में अपने इसी छद्म नाम से स्थानीय लोगों के बीच बहुत लोकप्रिय हो गए थे। झांसी में रहते हुए चंद्रशेखर आजाद ने गाड़ी चलानी भी सीख ली थी।

1925 में हिंदुस्तान रिपब्लिकन एसोसिएशन की स्थापना की गई। 1925 में काकोरी कांड हुआ जिसके आरोप में अशफाक उल्ला खां, बिस्मिल समेत अन्य मुख्य क्रांतिकारियों को मौत की सजा सुनाई गई। जिसके बाद चंद्रशेखर ने इस संस्था का पुनर्गठन किया। भगवतीचरण वोहरा के संपर्क में आने के बाद चंद्रशेखर आजाद भगत सिंह, सुखदेव, राजगुरु के भी निकट आ गए थे। इसके बाद भगत सिंह के साथ मिलकर चंद्रशेखर आजाद ने अंग्रेजी हुकूमत को डराने और भारत से खदेड़ने का हर संभव प्रयास किया।

1931 में फरवरी के अंतिम सप्ताह में जब आजाद गणेश शंकर विद्यार्थी से मिलने सीतापुर जेल गए तो विद्यार्थी ने उन्हें इलाहाबाद जाकर जवाहर लाल नेहरू से मिलने को कहा। चंद्रशेखर आजाद जब नेहरू से मिलने आनंद भवन गए तो उन्होंने चंद्रशेखर की बात सुनने से भी इंकार कर दिया। गुस्से में वहां से निकलकर चंद्रशेखर आजाद अपने साथी सुखदेव राज के साथ एल्फ्रेड पार्क चले गए। वे सुखदेव के साथ आगामी योजनाओं के विषय में बात ही कर रहे थे कि पुलिस ने उन्हे घेर लिया। लेकिन उन्होंने बिना सोचे अपने जेब से पिस्तौल निकालकर गोलियां दागनी

शुरू कर दी। दोनों ओर से गोलीबारी हुई। लेकिन जब चंद्रशेखर के पास मात्र एक ही गोली शेष रह गई तो उन्हें पुलिस का सामना करना मुश्किल लगा। चंद्रशेखर आजाद ने पहले ही यह प्रण किया था कि वह कभी भी जिंदा पुलिस के हाथ नहीं आएंगे। इसी प्रण को निभाते हुए उन्होंने वह बची हुई गोली खुद को मार ली।

पुलिस के अंदर चंद्रशेखर आजाद का भय इतना था कि किसी को भी उनके मृत शरीर के के पास जाने तक की हिम्मत नहीं थी। उनके शरीर पर गोली चला और पूरी तरह आश्वस्त होने के बाद ही चंद्रशेखर की मृत्यु की पुष्टि हुई।

बाद में स्वतंत्रता प्राप्ति के पश्चात जिस पार्क में उनका निधन हुआ था उसका नाम परिवर्तित कर चंद्रशेखर आजाद पार्क और मध्य प्रदेश के जिस गांव में वह रहे थे उसका धिमारपुरा नाम बदलकर आजादपुरा रखा गया।

बाल गंगाधर तिलक एवं चंद्रशेखर आजाद

तिलक और चन्द्रशेखर का जन्म दिन एक ही है 23 जुलाई। तिलक के बारे में वेलेंटाइन शिरोल ने कहा था कि वे भारत में अशांति के जन्मदाता थे। यह कथन उन पर पूर्णतः सही उतरता है क्योंकि तिलक भारतीय असन्तोष के वास्तविक जनक थे। तिलक कांग्रेस के 'गरम दल' के नेताओं में से थे और उनका मानना था कि आजादी हमें मांगने से नहीं मिलेगी बल्कि इसे हमें लड़कर हासिल करना पड़ेगा।

स्वतन्त्रता मेरा जन्म सिद्ध अधिकार है और मैं इसे लेकर रहूंगा।

वे राज्द्रोह के सबसे खतरनाक अग्रदूतों में से थे। गीता रहस्य तथा आर्कटिक होम ऑफ वेदाज इनकी प्रसिद्ध पुस्तके हैं, जो लोकमान्य तिलक ने जेल में लिखी थीं। वे संस्कृत के प्रकांड विद्वान थे। और पुस्तकें उन्होंने अंग्रेज सरकार द्वारा अपने ऊपर लगाए गए जुर्माने की भरपाई के लिए लिखी थीं।

तिलक के बचपन का प्रसंग है कि जब उनके शिक्षक ने उनसे उन मूंगफली के छिलकों को बीनने का आदेश दिया जो कक्षा में अन्य छात्रों ने फैलाये थे तो उन्होंने साफ इनकार कर दिया-जब मैंने छिलके नहीं फैलाए तो मैं उन्हें क्यों बीनूं। इस पर शिक्षक द्वारा दी गयी सजा भी उन्होंने सहर्ष स्वीकार कर ली, लेकिन अपनी बात पर अडिग रहे। बाद में शिक्षक को असलियत का पता चला तो उन्हें अपने किए पर दुःख हुआ। इस तरह लोकमान्य तिलक में बचपन से ही अन्याय को किसी भी तरह बर्दाश्त न करने की अटल प्रवृत्ति थी।

नरमपंथी नेताओं के विपरीत तिलक का यह दृढ़ विश्वास था कि अंग्रेज भारत को कभी भी अपनी स्वेच्छा से स्वतंत्र नहीं करेंगे। महाराष्ट्र में व्यापक स्तर पर मनाया

जाने वाले गणेश उत्सव की शुरुआत तिलक ने ही जनता में राष्ट्रीय भावना जागृत करने के लिए की थी।

चंद्रशेखर आजाद अपने क्रांतिकारी साथियों के बीच पंडित जी के संबोधन से लोकप्रिय थे। भगत सिंह हमेशा उन्हें पंडित जी कहकर संबोधित करते थे। क्रांतिकारियों को संगठित करने, योजनाओं को अंजाम देने में उनका महत्वपूर्ण योगदान होता थीं। हिन्दुस्तान सोसलिस्ट रिपब्लिकन आर्मी के लगभग सभी षडयंत्रों जैसे काकोरी काण्ड, सांडर्स की हत्या आदि में उनकी महत्वपूर्ण भागीदारी थी।

आजाद को बचपन से ही अपने देश की गुलामी का एहसास था और वे देश को स्वतंत्र कराना चाहते थे। हिन्दुस्तान सोसलिस्ट रिपब्लिकन आर्मी में शामिल होने से पहले वे गाँधी जी के असहयोग आन्दोलन में भाग लेते थे। लेकिन गांधी जी के द्वारा असहयोग आन्दोलन वापस लेने के बाद उनका अहिंसक आन्दोलन से मोहभंग हो गया और वे क्रांतिकारी तरीके से देश को आजाद कराने में जुट गए।

आजाद अपने नाम के अनुरूप हमेशा आजाद ही रहे और कभी उन्हें गिरफ्तार नहीं किया जा सका।

चंद्रशेखर आजाद का उपनाम आजाद कैसे पड़ा इसकी भी एक कहानी है। हुआ यूँ कि असहयोग आन्दोलन के प्रदर्शन कारियों पर निर्ममता से डंडे बरसाने वाले दरोगा पर तेरह साल के दुस्साहसी बालक चंद्रशेखर ने पत्थर बरसा कर उसका सिर फोड़ दिया। इस अपराध में उन्हें अदालत में जब न्यायाधीश के सामने पेश किया गया। नाम पूछे जाने पर उन्होंने अपना नाम आजाद, पिता का नाम स्वतंत्र और घर का पता जेल खाना बताया। इस पर जज ने उन्हें नंगी पीठ पर बीस कोड़े मारने की सख्त सजा सुनाई। यह सजा उन्होंने वीरता पूर्वक भारत माता की जय बोलते हुए सहन कर ली। तब से चंद्रशेखर आजाद के नाम से प्रसिद्ध हो गए।

चद्रशेखर आजाद वेश बदलने में बहुत निपुण थे। एक बार तो वे उसी दरोगा के यहाँ घर में वेश बदलकर नौकर बनाकर रह रहे थे, जो उन्हें खोज रहा था।

आजाद के क्रांतिकारी जीवन से सम्बंधित एक और प्रसंग इस प्रकार है। आजाद और उनके साथी किराए से एक छोटा सा कमरा लेकर रह रहे थे। उनके घर के बगल में ही एक आदमी रहता था जो रोज रात को शराब पीकर आता और बेवजह अपनी पत्नी को मोहल्ले में घसीट-घसीट कर पीटता। आस-पड़ोस का कोई भी आदमी उसे रोकने का साहस नहीं कर पाता था। आजाद और उनके साथी प्रायः बाहर रहते और कमरे में देर रात तक जागते थे, साथ ही अपनी गोपनीयत भंग होने के डर से उसे नजरअंदाज कर रहे थे।

एक दिन सबेरे सबेर आजाद कमरे से बाहर निकलकर कहीं जा रहे थे, तभी सामने उनका पड़ोसी मिल गया। उसने आजाद से कहा आप लोग क्या देर रात तक कमरे में कुछ बजाते रहते हैं। आजाद ने कहा कि हम तो किसी मशीन के साथ ठोंका पेटी कर रहे थे और तुम तो अपनी गउ जैसी पत्नी को बेरहमी से पीटते हो। तुम्हे शर्म आनी चाहिए। इतना सुनते ही वह तैश में आ गया और चिल्लाते हुए बोला-तू कौन होता है साले मेरे मामले में दखल देने वाला। आजाद ने उसे एक भारी झापड़ रसीद किया तो वह धूल-चाटने लगा। साथ ही उन्होंने उसे चेतावनी देते हुए कहा कि तुमने मुझे साला कहा है, इस तरह तेरे पत्नी मेरी बहन हुई। आज के बाद यदि तूने मेरी बहन पर हाथ उठाया तो तेरी हड्डी-पसली तोड़कर रख दूँगा। उस दिन के बाद आजाद उसे मजाक में जीजा कहने लगे और वह उस आदमी को भी अपनी गलती का एहसास हो गया। फिर कभी वह अपनी पत्नी पर हाथ उठाते हुए नही देखा गया।

अपने ही एक साथी के विश्वासघात की वजह से वे इलाहाबाद के अल्फ्रेड पार्क में पुलिस द्वारा घेर लिए गए और वीरता पूर्वक लड़ते हुए, अन्तिम गोली से खुद को आजाद कर लिया। पुलिस में आजाद का खौफ इस कदर था की उनके मृत शरीर पर भी उन्होंने गोलियाँ चलाईं कि कहीं वे जिंदा न हों। इस तरह थे चन्द्रशेखर आजाद।

स्वतंत्रता संग्राम के नायकों का प्रभाव और महत्व उनके द्वारा प्रत्यक्षतः पायी गयी सफलताओं से बढ़कर है। यद्यपि सक्रिय क्रांतिकारी गतिविधियाँ आजाद के बाद लगभग समाप्त हो गयी थीं, किंतु इन क्रांतिकारियों ने भारतीय युवकों के मन-मानस में साहस का जो संचार किया, उसीने आगे चलकर भारतीय हृदय में स्वतंत्रता की तड़प पैदा की।

आजाद जनता की क्रान्ति-चेतना के प्रतीक

अपने साथियों के एक जमावड़े के बीच किसी प्रसंग में चन्द्रशेखर आजाद ने ये पंक्तियाँ सुनायी थीं। कविता की ये साधारण पंक्तियाँ नहीं थीं। आजाद का अपने साथियों से यह वादा था, जिसे उन्होंने 27 फरवरी 1931 को पूरा कर दिखाया। गोरे दुश्मनों की गोलियों का सामना करते हुए वे शहीद हो गये। जीते-जी अंग्रेज उनको हाथ तक नहीं लगा सके। आज भी उनकी गौरवशाली शहादत की याद मेहनतकश जनता की सच्ची आजादी के लिए लड़ने वाले नौजवानों के लिए प्रेरणा का स्रोत बनी हुई है।

हिन्दुस्तान सोशलिस्ट रिपब्लकन एसोसियेसन (एच.एस.आर.ए.) के कमाण्डर-इन-चीफ चन्द्रशेखर आजाद के सांगठनिक कौशल, व्यावहारिक सूझ-बूझ और अदम्य साहस के बारे में बताने की जरूरत नहीं। काकोरी काण्ड के बाद क्रान्तिकारी संगठन के बिखरे हुए सूत्रों को जोड़कर उसके पुनर्गठन का काम उन्हीं के नेतृत्व में हुआ था। उन्होंने अत्यन्त कुशलता, त्याग और साहस के साथ नौजवान क्रान्तिकारियों की टीम को संगठित, प्रेरित और सक्रिय किया। यह तो सभी जानते हैं, लेकिन चन्द्रशेखर आजाद के व्यक्तित्व के इस पहलू के बारे में बहुत कम लोग जानते हैं कि वे अत्यन्त कम पढ़े-लिखे होने के बावजूद एक दृढ़, विचारवान क्रान्तिकारी थे। किसी भी तर्कपूर्ण और नये विचार के प्रति वे सदा खुले रहते थे तथा पुराने रूढ़ विश्वासों और विचारों को त्यागने में वे पल भर भी देर नहीं करते थे।

आजाद के जीवन पर एक नजर डालने से ही पता चल जायेगा कि एक कट्टर ब्राह्मण परिवार में पैदा होने से लेकर समाजवाद में आस्था रखने वाले एक विचारवान क्रान्तिकारी की यात्रा उन्होंने किस रफ्तार से तय की।

आजाद का जन्म बेहद गरीबी, अशिक्षा और धार्मिक कट्टरता में हुआ था। भगत सिंह आदि से उम्र में वे केवल एक-दो साल ही बड़े थे। वे पुस्तकों को पढ़कर नहीं, राजनीतिक संघर्ष और जीवन संघर्ष में अपने सक्रिय अनुभवों से सीखते हुए ही उस क्रान्तिकारी दल के नेता बने जिसका लक्ष्य था भारत में धर्मनिरपेक्ष वर्गविहीन समाजवादी प्रजातंत्र की स्थापना करना। आजाद भगत सिंह की तरह नास्तिक तो नहीं थे, लेकिन वे शचीन्द्रनाथ सान्याल जैसे वेदान्ती या आध्यात्मिक भी नहीं थे। धर्म को निजी विश्वास की चीज मानते थे और सच्चे धर्मनिरपेक्षवादी की तरह उनका यहा पक्का विश्वास था कि राज्य को पूरी तरह धर्म से अलग किया जाना चाहिए।

यह सही है कि भगत सिंह और भगवती चरण वोहरा जैसे मध्यवर्ग के खाते-पीते घरों के शिक्षित और बौद्धिक युवाओं के एच.एस.आर.ए. में भर्ती के बाद क्रान्तिकारी दल का तेजी के साथ वैचारिक विकास हुआ लेकिन ऐसा नहीं था कि आजाद उनके विचारों को आँखें मूँद कर स्वीकारते थे। आजाद के क्रान्तिकारी साथियों शिव वर्मा, भगवान दास माहौर, सदाशिव मलकापुरकर आदि के संस्मरणों से पता चलता है कि आजाद सभी दस्तावेजों, बयानों, परचों आदि पर ध्यानपूर्वक चर्चा करते थे और उनकी सहमति से ही वे जारी किये जाते थे। गम्भीर वैचारिक पुस्तकें साथियों से पढ़वाकर सुनते थे और उन पर चर्चा करते थे। फिरोज शाह कोटला मैदान में सम्पन्न हुई उस ऐतिहासिक बैठक में आजाद शामिल नहीं हो पाये थे जिसमें

हिन्दुस्तान रिपब्लिक एसोसियेसन का नाम बदल कर हिन्दुस्तान सोशोलिस्ट रिपब्लिकन एसोसियेसन किया गया था और समाजवाद को संगठन के लक्ष्य के तौर पर स्वीकार किया गया। लेकिन इस मुद्दे पर साथियों से उन्होंने पूरी चर्चा के बाद सहमति पहले ही दे दी थी। आजाद के क्रान्तिकारी साथी भगवान दास माहौर ने 'यश की धरोहर' में बिल्कुल ठीक लिखा है कि उनका जीवन और नाम "अशिक्षा, अन्धविश्वास, धार्मिक कट्टरता में पड़ी भारतीय जनता की क्रान्ति चेतना का प्रतीक" बन गया है।

आज साम्राज्यवादी-पूँजीवादी शोषण-उत्पीड़न की बेड़ियों में जकड़ी देश की मेहनतकश जनता के दिलों तक आजाद के अधूरे सपनों को पहुँचाना और उनकी महान शहादत से प्रेरणा लेते हुए उन सपनों को पूरा करने का संकल्प लेना ही उनके प्रति सच्ची श्रद्धांजलि होगी।

नेतृत्व क्षमता

आज हम जिस गौरव और स्वाभिमान के साथ आजादी का आनंद ले रहे हैं, वह देश के असंख्य जाने-अनजाने महान देशभक्तों के त्याग, बलिदान, शौर्य और शहादतों का प्रतिफल है। काफी देशभक्त तो ऐसे थे, जिन्होंने छोटी सी उम्र में ही देश के लिए अतुलनीय त्याग और बलिदान देकर अपना नाम स्वर्णिम अक्षरों में अंकित करवाया। इन्हीं महान देशभक्तों में से एक थे चन्द्रशेखर आजाद। उनका जन्म 23 जुलाई, 1906 को उत्तर प्रदेश के जिला उन्नाव के बदरका नामक गाँव में ईमानदार और स्वाभिमानी प्रवृति के पंडित सीताराम तिवारी के घर श्रीमती जगरानी देवी की कोख से हुआ। चाँद के समान गोल और कांतिवान चेहरे को देखकर ही इस नन्हें बालक का नाम चन्द्रशेखर रखा गया। पिता पंडित सीताराम पहले तो अलीरापुर रियासत में नौकरी करते रहे, लेकिन बाद में भावरा नामक गाँव में बस गए। इसी गाँव में चन्द्रशेखर आजाद का बचपन बीता। आदिवासी बाहुल्य क्षेत्र में बचपन बीतने के कारण वे तीरन्दाजी व निशानेबाजी में अव्वल हो गए थे।

चन्द्रशेखर बचपन से ही कुशाग्र बुद्धि के थे। उच्च शिक्षा के लिए वे काशी जाना चाहते थे। लेकिन, इकलौती संतान होने के कारण माता-पिता ने उन्हें काशी जाने से साफ मना कर दिया। धुन के पक्के चन्द्रशेखर ने चुपचाप काशी की राह पकड़ ली और वहां जाकर अपने माता-पिता को कुशलता एवं उसकी चिन्ता न करने की सलाह भरा पत्र लिख दिया। उन दिनों काशी में कुछ धर्मात्मा पुरुषों द्वारा गरीब विद्यार्थियों के ठहरने, खाने-पीने एवं उनकी पढ़ाई का खर्च का बंदोबस्त किया गया

था। चन्द्रशेखर को इन धर्मात्मा लोगों का आश्रय मिल गया और उन्होंने संस्कृत भाषा का अध्ययन मन लगाकर करना शुरू कर दिया।

सन् 1921 में देश में गांधी जी का राष्ट्रव्यापी असहयोग आन्दोलन चल रहा था तो स्वदेशी वस्तुओं को अपनाने एवं विदेशी वस्तुओं के बहिष्कार करने का दृढ़ सकल्प देशभर में लिया गया। अंग्रेजी सरकार द्वारा आन्दोलकारियों पर बड़े-बड़े अत्याचार किए जाने लगे। ब्रिटिश सरकार के जुल्मों से त्रस्त जनता में राष्ट्रीयता का रंग चढ़ गया और जन-जन स्वाराज्य की पुकार करने लगा। विद्यार्थियों में भी राष्ट्रीयता की भावना का समावेश हुआ। पन्द्रह वर्षीय चन्द्रशेखर भी राष्ट्रीयता व स्वराज की भावना से अछूते न रह सके। उन्होंने स्कूल की पढ़ाई के दौरान पहली बार राष्ट्रव्यापी आन्दोलनकारी जत्थों में भाग लिया। इसके लिए उन्हें 15 बेंतों की सजा दी गई। हर बेंत पड़ने पर उसने भारत माता की जय के नारे लगाए। उस समय वे मात्र पन्द्रह वर्ष के थे। सन् 1922 में गाँधी जी द्वारा चौरा-चौरी की घटना के बाद एकाएक असहयोग आन्दोलन वापिस लेने पर क्रांतिकारी चन्द्रशेखर वैचारिक तौरपर उग्र हो उठे और उन्होंने क्रांतिकारी राह चुनने का फैसला कर लिया। उसने सन् 1924 में पण्डित राम प्रसाद बिस्मिल, शचीन्द्रनाथ सान्याल, योगेशचन्द्र चटर्जी आदि क्रांतिकारियों द्वारा गठित हिन्दुस्तान रिपब्लिकल एसोसिएसन (हिन्दुस्तान प्रजातांत्रिक संघ) की सदस्यता ले ली। यह सभी क्रांतिकारी भूखे-प्यासे रहकर क्रांतिकारी गतिविधियों में दिनरात लगे रहते।

इसी दौरान क्रांतिकारियों ने बनारस के मोहल्ले में 'कल्याण आश्रम' नामक मकान में अपना अड्डा स्थापित कर लिया। उन्होंने अंग्रेजी सरकार को धोखा देने के लिए आश्रम के बाहरी हिस्से में तबला, हारमोनियम, सारंगी आदि वाद्ययंत्र लटका दिए। एक दिन रामकृष्ण खत्री नामक साधू ने बताया कि गाजीपुर में एक महन्त हैं और वे मरणासन्न हैं। उसकी बहुत बड़ी गद्दी है और उसके पास भारी संख्या में धन है। उसे किसी ऐसे योग्य शिष्य की आवश्यकता है, जो उसके पीछे गद्दी को संभाल सके। यदि तुममें से ऐसे शिष्य की भूमिका निभा दे तो तुम्हारी आर्थिक समस्या हल हो सकती है। काफी विचार-विमर्श के बाद इस काम के लिए चन्द्रशेखर आजाद को चुना गया। चन्द्रशेखर न चाहते हुए भी महन्त के शिष्य बनने के लिए गाजीपुर रवाना हो गए। चन्द्रशेखर के ओजस्वी विचारों एवं उसके तेज ने महन्त को प्रभाव में ले लिया और उन्हें अपना शिष्य बना लिया। चन्द्रशेखर मन लगाकर महन्त की सेवा करने और महन्त के स्वर्गवास की बाट जोहने लगे। लेकिन, जल्द ही आजाद किस्म की प्रवृति के चन्द्रशेखर जल्दी ही कुढ़ गए। क्योंकि उनकी सेवा से मरणासन्न

महन्त पुनः हृष्ट-पुष्ट होते चले गए। चन्द्रशेखर ने किसी तरह दो महीने काटे। उसके बाद उन्होंने अपने क्रांतिकारी साथियों को पत्र लिखकर यहां से मुक्त करवाने के लिए आग्रह किया। लेकिन, मित्रों ने उनके आग्रह को ठुकरा दिया। चन्द्रशेखर ने मन मसोसकर कुछ समय और महन्त की सेवा की और फिर धन पाने की लालसाओं और संभावनाओं पर पूर्ण विराम लगाकर एक दिन वहां से खिसक लिए।

इसके बाद उन्होंने पुनः अंग्रेजी सरकार के खिलाफ सक्रिय भूमिका निभानी शुरू कर दी। उन्होंने एक शीर्ष संगठनकर्ता के रूप में अपनी पहचान बनाई। वे अपने क्रांतिकारी दल की नीतियों एवं उद्देश्यों का प्रचार-प्रसार के लिए पर्चे-पम्फलेट छपवाते और लोगों में बंटवाते। इसके साथ ही उन्होंने अपने कार्यकर्ताओं की मदद से सार्वजनिक स्थानों पर भी अपने पर्चे व पम्पलेट छपवा कर दिए। इससे अंग्रेजी सरकार बौखला उठी। उन्होंने अपने साथियों के साथ मिलकर हिन्दुस्तान रिपब्लिकल एसोसिएसन के बैनर तले राम प्रसाद बिस्मिल के नेतृत्व में 9 अगस्त, 1925 को काकोरी के रेलवे स्टेशन पर कलकत्ता मेल के सरकारी खजाने को लूट लिया। यह लूट अंग्रेजी सरकार को सीधे और खुली चुनौती थी। परिणामस्वरूप सरकार उनके पीछे हाथ धोकर पड़ गई। गुप्तचर विभाग क्रांतिकारियों को पकड़ने के लिए सक्रिय हो उठा और 25 अगस्त तक लगभग सभी क्रांतिकारियों को पकड़ लिया गया। लेकिन, चन्द्रशेखर आजाद हाथ नहीं आए। गिरफ्तार क्रांतिकारियों पर औपचारिक मुकदमें चले। 17 दिसम्बर, 1927 को राजेन्द्रनाथ लाहिड़ी और दो दिन बाद 19 दिसम्बर को पण्डित रामप्रसाद बिस्मिल, अफशफाक उल्ला खां, रोशन सिंह आदि शीर्ष क्रांतिकारियों को फांसी पर लटका दिया गया। इसके बाद सन् 1928 में चन्द्रशेखर ने 'एसोसिएशन' के मुख्य सेनापति की बागडोर संभाली।

चन्द्रशेखर आजाद अपने स्वभाव के अनुसार अंग्रेजी सरकार के खिलाफ क्रांतिकारी गतिविधियों को बखूबी अंजाम देते रहे। वे अंग्रेजी सरकार के लिए बहुत बड़ी चिन्ता और चुनती बन चुके थे। अंग्रेजी सरकार किसी भी कीमत पर चन्द्रशेखर को गिरफ्तार कर लेना चाहती थी। इसके लिए पुलिस ने एड़ी चोटी का जोर लगा दिया। पुलिस के अत्यन्त आक्रमक रूख को देखते हुए और उसका ध्यान बंटाने के लिए चन्द्रशेखर आजाद झांसी के पास बुन्देलखण्ड के जंगलों में आकर रहने लगे और दिन रात निशानेबाजी का अभ्यास करने लगे। जब उनका जी भर गया तो वे पास के टिमरपुरा गाँव में ब्रह्मचारी का वेश बनाकर रहने लगे। गाँव के जमींदार को अपने प्रभाव में लेकर उन्होंने अपने साथियों को भी वहीं बुलवा लिया। भनक लगते ही पुलिस गाँव गें आई तो उन्होंने अपने साथियों को तो कहीं और भेज दिया और

स्वयं पुलिस को चकमा देते हुए मुम्बई पहुंच गए। वे मुम्बई आकर क्रांतिकारियों के शीर्ष नेता दामोदर वीर सावरकर से मिले और सारा हाल कह सुनाया। सावरकर ने अपने ओजस्वी भाषण से चन्द्रशेखर को प्रभावित कर दिया। यहीं पर उनकी मुलाकात सरदार भगत सिंह से हुई। कुछ समय बाद वे कानपुर में क्रांतिकारियों के प्रसिद्ध नेता गणेश शंकर विद्यार्थी के यहां पहुंचे। विद्यार्थी जी ने उन तीनों को सुरक्षित स्थान पर पहुंचा दिया। यहां पर भी पुलिस ने उन्हें घेरने की भरसक कोशिश की। इसके चलते चन्द्रशेखर यहां से वेश बदलकर पुलिस को चकमा देते हुए दिल्ली जा पहुंचे।

दिल्ली पहुंचने के बाद वे मथुरा रोड पर स्थित पुराने किले के खण्डहरों में आयोजित युवा क्रांतिकारियों की सभा में शामिल हुए। अंग्रेज सरकार ने चन्द्रशेखर को गिरफ्तार करने के लिए विशेष तौर पर एक खुंखार व कट्टर पुलिस अधिकारी तसद्दुक हुसैन को नियुक्त कर रखा था। वह चन्द्रशेखर की तलाश में दिन-रात मारा-मारा फिरता रहता था। जब उसे इस सभा में चन्द्रशेखर के शामिल होने की भनक लगी तो उसने अपना अभेद्य जाल बिछा दिया। वेश बदलने की कला में सिद्धहस्त हो चुके चन्द्रशेखर यहां भी वेश बदलकर पुलिस को चकमा देते हुए दिल्ली से कानपुर पहुंच गए। यहां पर उन्होंने भगत सिंह व राजगुरू के साथ मिलकर अंग्रेज अधिकारियों के वेश में अंग्रेजों के पिठ्ठू सेठ दलसुख राय से 25000 रुपये ऐंठे और चलते बने।

जब 3 फरवरी, 1928 को भारतीय हितों पर कुठाराघात करके इंग्लैण्ड सरकार ने साईमन की अध्यक्षता में एक कमीशन भेजा। साईमन कमीशन यह तय करने के लिए आया था कि भारतवासियों को किस प्रकार का स्वराज्य मिलना चाहिए। इस दल में किसी भी भारतीय के न होने के कारण 'साईमन कमीशन' का लाला लाजपतराय के नेतृत्व में राष्ट्रव्यापी कड़ा विरोध किया गया। अंग्रेजी सरकार ने लाला जी सहित सभी आन्दोलनकारियों पर ताबड़तोड़ पुलिसिया कहर बरपा दिया और पुलिस की लाठियों का शिकार होकर लाला जी देश के लिए शहीद हो गए। बाद में चन्द्रशेखर आजाद, सरदार भगत सिंह व राजगुरू आदि क्रांतिकारियों ने लाला जी की मौत का उत्तरदायी साण्डर्स माना और उन्होंने उसको 17 दिसम्बर, 1928 को मौत के घाट उतारकर लाल जी की मौत का प्रतिशोध पूरा किया।

सांडर्स की हत्या के बाद अंग्रेजी सरकार में जबरदस्त खलबली मच गई। कदम-कदम पर पुलिस का अभेद्य जाल बिछा दिया गया। इसके बावजूद चन्द्रशेखर आजाद अपने साथियों के साथ पंजाब से साहब, मेम व कुली का वेश बनाकर

आसानी से निकल गए। इसके बाद इन क्रांतिकारियों ने गुंगी बहरी सरकार को जगाने के लिए असैम्बली में बम फेंकने के लिए योजना बनाई और इसके लिए काफी बहस और विचार-विमर्श के बाद सरदार भगत सिंह और बटुकेश्वर दत्त को चुना गया। 8 अप्रैल, 1929 को असैम्बली में बम धमाके के बाद इन क्रांतिकारियों को गिरफ्तार कर लिया गया और मुकदमें की औपचारिकता पूरी करते हुए 23 मार्च, 1931 को सरदार भगत सिंह, राजगुरू और सुखदेव को बम काण्ड के मुख्य अपराधी करार देकर, उन्हें फांसी की सजा दे दी गई।

इस दौरान चन्द्रशेखर आजाद ने अपने क्रांतिकारी दल का बखूबी संचालन किया। आर्थिक समस्याओं के हल के लिए भी काफी गंभीर प्रयास किए। पैसे की बचत पर भी खूब जोर दिया। इन्हीं सब प्रयासों के चलते दल की तरफ से सेठ के पास आठ हजार रुपये जमा हो चुके थे। चन्द्रशेखर ने सेठ को आगामी गतिविधियों के लिए यही पैसा लाने कि लिए इलाहाबाद के अल्फ्रेड पार्क में बुलाया। इसी बीच चन्द्रशेखर के दल के सदस्य वीरभद्र तिवारी को अंग्रेज सरकार ने चन्द्रशेखर को पकड़वाने के लिए दस हजार रुपये और कई तरह के अन्य प्रलोभन देकर खरीद लिया। जब 27 फरवरी, 1931 को चन्द्रशेखर सेठ से पैसे लेने के लिए निर्धारित स्थान अल्फ्रेड पार्क में पहुंचे तो विश्वासघाती वीरभद्र तिवारी की बदौलत पुलिस ने पार्क को चारों तरफ से घेर लिया। उस समय चन्द्रशेखर अपने मित्र सुखदेव राज से आगामी गतिविधियों के बारे में योजना बना रहे थे। चन्द्रशेखर ने सुखदेव राज को पुलिस की गोलियों से बचाकर वहां से भगा दिया। उसने अकेले मोर्चा संभाला और पुलिस का डटकर मुकाबला किया।

एक तरफ अकेला शूरवीर चन्द्रशेखर आजाद था और दूसरी तरफ पुलिस कप्तान बाबर के नेतृत्व में 80 अत्याधुनिक हथियारों से लैस पुलिसकर्मी। फिर भी काफी समय तक अकेले चन्द्रशेखर ने पुलिस के छक्के छुड़ाए रखे। अंत में चन्द्रशेखर के कारतूस समाप्त हो गए। सदैव आजाद रहने की प्रवृति के चलते उन्होंने निश्चय किया कि वो पुलिस के हाथ नहीं आएगा और आजाद ही रहेगा। इसके साथ ही उन्होंने बचाकर रखे अपने आखिरी कारतूस को स्वयं ही अपनी कनपटी के पार कर दिया और भारत माँ के लिए कुर्बान होने वाले शहीदों की सूची में स्वर्णिम अक्षरों में अपना नाम अंकित कर दिया।

इस तरह से 25 साल का यह बांका नौजवान भारत माँ की आजादी की बलिवेदी पर शहीद हो गया। यह देश हमेशा उनका ऋणी रहेगा। भारत माँ के इस वीर सपूत और क्रांतिकारियों के सरताज को कोटि-कोटि नमन है।

जुल्म से नफरत करते थे चंद्रशेखर आजाद

भारत का इतिहास गवाह है कि यहां कई महापुरुष हुए, जिन्होंने देश के लिये अपनी जान तक न्योछावर कर दी। उन्हीं में से एक हैं चंद्रशेखर आजाद, जिन्होंने भारतीय स्वतंत्रता संग्राम में राम प्रसाद बिसमिल और सरदार भगत सिंह के साथ अंग्रेजों की नींदें हराम कर दी थीं। आजाद का जन्म 23 जुलाई को उत्तर प्रदेश के उन्नाव जिले के बदरका गांव में 1906 में हुआ था। आजाद के पिता पंडित सीताराम तिवारी 1956 में अकाल पड़ने पर गांव छोड़ कर मध्य्य प्रदेश चले गये थे। एमपी में ही आजाद का बचपन बीता। अंग्रेज शासित भारत में पले बढ़े आजाद की रगों में शुरू से ही अंग्रेजों के प्रति नफरत भरी हुई थी। आजाद की एक खासियत थी न तो वे दूसरों पर जुल्म कर सकते थे और न स्वयं जुल्म सहन कर सकते थे।

1919 में अमृतसर के जलियांवाला बाग कांड ने उन्हें झकझोर कर रख दिया था। चन्द्रशेखर उस समय पढ़ाई कर रहे थे। तभी से उनके मन में एक आग धधक रही थी। महात्मा गांधी द्वारा असहयोग आंदोलन खत्म किये जाने पर सैंकड़ों छात्रों के साथ चन्द्रशेखर भी सड़कों पर उतर आये। छात्र आंदोलन के वक्त वो पहली बार गिरफ्तार हुए। तब उन्हें 15 दिन की सजा मिली। सन 1922 में गाँधी जी द्वारा असहयोग आंदोलन को अचानक बंद कर देने के कारण उनकी विचारधारा में बदलाव आ गया और वे क्रान्तिकारी गतिविधियों से जुड़ गये। तभी वे हिन्दुस्तान रिपब्लिकन एसोसियेसन के सक्रिय सदस्य बन गये। आजाद ने क्रांतिकारी बनने के बाद सबसे पहले 1 अगस्त 1925 को काकोरी कांड को अंजाम दिया। इसके बाद 1927 में बिसमिल के साथ मिलकर उत्तर भारत की सभी क्रान्तिकारी पार्टियों को मिलाकर एक करते हुए हिन्दुस्तान सोशलिस्ट रिपब्लिकन ऐसोसियेशन का गठन किया। भगत सिंह व उनके साथियों ने लाहौर में लाला लाजपत राय की मौत का बदला संडर्स को मार कर लिया। फिर दिल्ली असेम्बली में बम धमाका भी आजाद ने किया। आजाद का कांग्रेस से जब मन भंग हो गया आजाद ने अपने संगठन के सदस्यों के साथ गाँव के अमीर घरों में डकैतियाँ डालीं, ताकि दल के लिए धन जुटाया जा सके। इस दौरान उन्होंने व उनके साथियों ने एक भी महिला या गरीब पर हाथ नहीं उठाया। डकैती के वक्त एक बार एक औरत ने आजाद का पिस्तौल छीन ली तो अपने उसूलों के चलते हाथ नहीं उठाया। उसके बाद से उनके संगठन ने सरकारी प्रतिष्ठानों को ही लूटने का फैसला किया। अंग्रेज चन्द्रशेखर आजाद

को तो पकड़ नहीं सके लेकिन बिस्मिल, अशफाक उल्ला खाँ एवं ठाकुर रोशन सिंह को 19 दिसम्बर 1927 तथा उससे 2 दिन पूर्व राजेन्द्रनाथ लाहिड़ी को फाँसी पर लटकाकर मार दिया। एकाध बार बिस्मिल तथा योगेश चटर्जी को छुड़ाने की योजना भी बनायी, लेकिन आजाद उसमें सफल नहीं हो पाये। 4 क्रान्तिकारियों को फाँसी और 16 को कड़ी कैद की सजा के बाद चन्द्रशेखर आजाद ने उत्तर भारत के सभी कान्तिकारियों को एकत्र कर 8 सितम्बर 1928 को दिल्ली के फिरोज शाह कोटला मैदान में एक गुप्त सभा का आयोजन किया। सभी ने एक नया लक्ष्य निर्धारित किया गया-हमारी लड़ाई आखिरी फैसला होने तक जारी रहेगी और वह फैसला है जीत या मौत।

दिल्ली एसेम्बली बम काण्ड के आरोपियों भगत सिंह, राजगुरु व सुखदेव को फांसी की सजा सुनाये जाने पर भगत सिंह काफी आहत हुए। आजाद ने मृत्यु दण्ड पाये तीनों की सजा कम कराने का काफी प्रयास किया। 27 फरवरी 1931 को वे इलाहाबाद गये और जवाहरलाल नेहरू से मिले और आग्रह किया कि वे गांधी जी पर लॉर्ड इरविन से इन तीनों की फाँसी को उम्र-कैद में बदलवाने के लिये जोर डालें। नेहरू जी ने जब आजाद की बात नहीं मानी तो आजाद ने उनसे काफी देर तक बहस भी की। इस पर नेहरू जी ने क्रोधित होकर आजाद को तत्काल वहाँ से चले जाने को कहा तो वे अपने भुनभुनाते हुए बाहर आये और अपनी साइकिल पर बैठकर अल्फ्रेड पार्क चले गये। अल्फ्रेड पार्क में अपने एक मित्र सुखदेव राज से मिले और इस बारे में चर्चा कर ही रहे थे कि सीआईडी का एसएसपी नॉट बाबर भारी पुलिस बल के साथ जीप से वहाँ आ पहुंचा। दोनों ओर से हुई भयंकर गोलीबारी हुई और इसी मुठभेड़ में चंद्रशेखर आजाद शहीद हो गये। पुलिस ने बिना किसी को इसकी सूचना दिये आजाद का अन्तिम संस्कार कर दिया था।

सदैव आजाद रहे

सन् 1921 में पूरे देश में सविनय अवज्ञा आंदोलन की लहर तूफान बनकर फैली। एक चिंगारी जो अब तक सुलग रही थी, सहसा धधक उठी। सारे देश में एक जोश पैदा हो गया। अंग्रेजों के हर आदेश की धज्जियां उड़ने लगीं। अवज्ञा ही अवज्ञा होने लगी। बालक, किशोर और विद्यार्थी भी पीछे न रहे। स्कूल जाने के स्थान पर वे जुलूस निकालने, आंदोलन करने और नारे लगाने के लिए सड़कों पर उतर आए। इंकलाब जिंदाबाद, भारत माता की जय, वंदेमातरम् और गांधी जी की जय जैसे नारों

से धरती-आकाश कंपित करता हुआ किशोरों-बालकों का जुलूस वाराणसी की एक मुख्य सड़क से गुजर रहा था। इसका नेतृत्व कर रहा था पंद्रह वर्षीय बालक चंद्रशेखर। मुश्किल से एक दर्जन बालक उसके साथ थे और सभी की आयु तेरह से सोलह वर्ष के बीच थी। गोरी सरकार के दमन की चिंता किए बिना ये बालक भारत माता की जय-जयकार करते हुए आगे बढ़े। अंग्रेज पुलिस ने जुलूस को रोका और उसके नेता चंद्रशेखर को गिरफ्तार कर, हथकड़ियों में जकड़कर मजिस्ट्रेट के सामने पेश किया। मजिस्ट्रेट ने पूछा–तुम्हारा नाम? रौबदार आवाज में उत्तर मिला-आजाद। तुम्हारा घर? मजिस्ट्रेट ने आगबबूला होकर पूछा और बालक निर्भीकता से बोला–जेलखाना।

मजिस्ट्रेट जल-भुन कर रह गया। बालक की उम्र छोटी थी, इसलिए मजिस्ट्रेट ने अंग्रेजी रहम दिखते हुए सिर्फ 15 कोड़े मारने की सजा दी। जब शेखर को कोड़े लगाने के लिए रस्सियों से बांधा जाने लगा तो वह गरज उठा, मुझे बांधते क्यों हो, मैं खड़ा हूं, लगाओ जितने कोड़े लगा सकते हो। कोड़े बरसते रहे और वह वंदेमातरम् तथा भारत माता की जय बोलता रहा। चंद्रशेखर के अदम्य साहस एवं प्रखर देशभक्ति का समाचार काशी के जन-जन तक पहुंच गया। न्यायालय के बाहर जनसमूह उमड़ पड़ा। उत्साही युवकों के कंधे ही शेखर की पालकी बन गए। पुष्पमालाओं से उसे लाद दिया गया। अभिनंदन सभा में चंद्रशेखर ने कहा- मैं आजाद हूं। आजाद ही रहूंगा और आजाद ही मरुंगा।

एक बार आजाद के एक क्रांतिकारी मित्र ने मजाक में कह दिया-पंडित जी, मोटे होते जा रहे हो। पकड़े गए तो पुलिस को नई हथकड़ी बनवानी पड़ेगी। आजाद बोले-आजाद की कलाई में अब हथकड़ी लगाना असंभव है। एक बार सरकार लगा चुकी, अब तो शरीर के टुकड़े-टुकड़े हो जाएंगे, पर जीवित रहते पुलिस आजाद को बंदी नहीं बना सकती।

वाराणसी में दिखाई गई बहादुरी के कारण चंद्रशेखर काशी विद्यापीठ के विद्यार्थियों की आंखों का तारा बन गया। हर विद्यार्थी उसे देखकर गर्व से कह उठता-वह देखो! वह आजाद है, जो तड़ातड़ कोड़े खाता हुआ भी भारत माता की जय बोलता रहा। भारत के इस बहादुर बेटे का जन्म 23 जुलाई, 1906 को पंडित सीताराम तिवारी और मां जगरानी देवी के घर हुआ था। आजाद के हृदय में सरफरोशी की तमन्ना थी और वे कातिलों के बाजुओं का जोर आजमाने के लिए जान हथेली पर लिए घूमते थे। उनका प्रिय गीत था–

दुश्मन की गोलियों का हम सामना करेंगे आजाद थे, आजाद हैं, आजाद ही रहेंगे।

आजाद अपनी प्रत्येक योजना पर अपने क्रांतिकारी मित्रों के साथ विचार-विमर्श करके ही कोई कदम उठाते थे। उनका कहना था कि यह सत्याग्रह नहीं कि झंडा उठाया, नारे लगाए और जेल चले गए। यह क्रांतिकारियों की योजनाएं हैं, मौत से सामना करना है, इन पर काफी विचार-विमर्श करना चाहिए। चन्द्रशेखर आजाद जीवन में चरित्र का महत्व सबसे अधिक मानते थे। उनका यह विश्वास था कि जिस राष्ट्र ने चरित्र खोया, उसने सब कुछ खो दिया। आज भारत जो पीड़ा भुगत रहा है, उसका मुख्य कारण राष्ट्रीय चरित्र का पतन ही है। क्रांति आंदोलन के लिए जनता से मिले धन को वह पवित्र धरोहर मानते थे। अपने पर कभी उन्होंने दो आने भी खर्च नहीं किए, वे तीसरे दर्जे में ही सफर करते थे। जब उन्हें साथियों ने समझाया कि खतरे से बचने के लिए वह दूसरे दर्जे में यात्रा करें तो उन्होंने उत्तर दिया- जनता आज विश्वास करती है कि आजाद पैसा बर्बाद नहीं करता। कल हम दूसरे दर्जे में चलेंगे और जनता देखेगी तो उसका विश्वास उठ जाएगा।

आजाद राम प्रसाद बिस्मिल के प्रशंसक और विश्वासपात्र साथी थे। उन्होंने काकोरी कांड में हिस्सा लिया। सरकारी खजाना लूटकर अंग्रेज सरकार को हिलाकर रख दिया। काकोरी कांड में बहुत से क्रांतिकारी पकड़ लिए गए। बिस्मिल, अशफाक, रोशन, लाहिड़ी जैसे फौलादी क्रांतिकारी फांसी के फंदे पर लटका दिए गए। सौभाग्य से आजाद पुलिस की पकड़ से बच गए। फिर एक दिन भारतीय स्वतंत्रता के दो जगमगाते नक्षत्र, भारत की आजादी के दो दीवाने स्वतंत्रता के साधक श्री गणेश शंकर विद्यार्थी के घर पर एकत्र हुए। भगत सिंह विद्यार्थी जी के प्रताप अखबार के लिए बलवंत के नाम से काम कर रहे थे और वहां मोटे-तगड़े पंडित जी पहुंच गए। जब विद्यार्थी जी ने परिचय करवाया तो हर्षातिरेक में बलवंत आजाद की ओर बढ़ा। ओह! क्रांतिपुरुष पंडित चंद्रशेखर आजाद? आजाद ने भगत सिंह को गले लगाते हुए कहा- वाह भई वाह, खूब मिले, मुझे तुम्हारी ही तलाश थी। दो शक्तियां मिलकर एक हो गईं। छिन्न-भिन्न क्रांतिकारी संगठन की पुनर्स्थापना के लिए दोनों को एक-दूसरे की वास्तव में ही आवश्यकता थी। बटुकेश्वर दत्त भी अंत तक इन्हीं के दाहिने हाथ बने रहे। चंद्रशेखर आजाद बहुत कुशल निशानेबाज थे और साथी क्रांतिकारियों को भी सिखाते थे। इन्हें घेरने के लिए पुलिस ने कई बार जाल बिछाया, किन्तु आजाद तो आजाद ही रहे।

सन् 1928 के आरंभ में शासन सुधार संबंधी मांग के संबंध में भारत वर्ष में अंग्रेजों ने साइमन कमीशन भेजा और पूरा देश साइमन कमीशन गो बैक-साइमन कमीशन वापस जाओ के नारों से गूंज उठा। लाहौर में पंजाब केसरी लाला लाजपतराय

के नेतृत्व में हजारों लोग साइमन कमीशन के विरोध में नारे लगाते हुए आगे बढ़े। लाहौर के पुलिस सुपरिटेंडेंट स्कॉट के आदेश से जुलूस पर लाठिया बरसीं और तभी पुलिस उपाधीक्षक सांडर्स की एक लाठी लालाजी के सर पर पड़ी और वे घायल हो गए। उसी शाम एक समारोह में लाला लाजपतराय ने गरजकर कहा- मैं आज चुनौती देता हूं कि मुझ पर किया गया लाठी का एक-एक प्रहार ब्रिटिश सरकार के कफन की कील साबित होगा। आखिरकार लाठियों की चोट ही लालाजी के बलिदान का कारण बनी। भगत सिंह, आजाद और अन्य साथियों ने खून का बदला खून से लेने का संकल्प लिया। 17 दिसम्बर, 1928 को लाला जी शहीद हुए और इसके बाद चंद्रशेखर आजाद के नेतृत्व में भगत सिंह, राजगुरु एवं जयगोपाल ने अंग्रेजी ईंट का जवाब भारतीय पत्थर से दिया।

आजाद एक दिन इलाहाबाद के अल्फ्रेड पार्क में बैठे थे। इसकी सूचना उनका एक साथी ही रुपयों के लालच में अंग्रेजों को दे आया और पुलिस इंस्पेक्टर विश्वेश्वर सिंह ने एसपी नॉट बाबर को खबर देकर दल-बल सहित बाग को घेर लिया। पुलिस की दो गोलियां आजाद के कंधे पर लगीं। पर दाहिने हाथ ने जौहर दिखाया और एसपी नॉट बाबर भाग गया। विश्वेश्वर भी मिट्टी हो गया। जब एक ही गोली रह गई तो आजाद ने अपनी कनपटी पर रिवाल्वर रखकर घोड़ा दबा दिया। इस तरह आजाद ने (27 फरवरी के दिन) आजाद ही मरने का संकल्प पूरा किया। आजाद का इतना भय था कि पुलिस अधिकारी उनका शरीर छूने से भी डरते थे। उनके शव के पास जाने से पहले एक गोली पैर में मारकर यह सुनिश्चित कर लिया गया कि कहीं वह जिंदा तो नहीं, बेहोशी का नाटक तो नहीं कर रहे। 27 फरवरी, 1931 को आजाद का बलिदान हुआ।